心地よく仕事するための真・常識
「リスペクティング行動」

悪気のない
その一言が、
職場の
一体感を
奪っている

沢渡あまね
SAWATARI AMANE

日本能率協会マネジメントセンター

はじめに

私はさまざまな企業、自治体、官公庁から依頼を受けて、顧問活動や講演などをおこなっています。そこで依頼元の人たちや聴講者から、必ずといっていいほど「職場のコミュニケーションがうまくいかない」「チームに一体感がない」といった課題を耳にします。

みなさんはいかがでしょう。

ミーティングで必要事項をすべて伝えたはずなのに、仕事がうまく進まなかった経験はありませんか？　悪気なく口にした一言で、職場の雰囲気を悪くしてしまった経験はないでしょうか？　逆に経営トップや意思決定層、顧客などの発した一言や行動が原因で、やる気を失った経験もあるのではないでしょうか。

この本は、職場のコミュニケーションやマネジメントで悩んでいる人のために生まれました。自分も相手もお互いにがんばっているのに、悪気なくすれ違う。協力関係を築いて成果を出したいのに、うまくいかない。そのようなモヤモヤを感じているみなさんに、解決のための着眼点と打ち手を示していきます。

生成AIツールなどの新しいもの・ことが次々に登場し、社会は激しく変化しています。この激動の時代を生き抜くためには、組織の成長・変革が欠かせません。社会の新しい動きにも適応できるような、柔軟な組織になっていかなければいけない。

そのためにトップは「部署をまたいだフラットなコミュニケーション」「新しい発想によるイノベーション」「企業組織や業界を超えたコラボレーション」を期待し、マネージャーやメンバーに働きかけるわけですが、なかなかうまくいかない。

トップが組織を変革したいと思い、さまざまな取り組みをしても、組織としてのパフォーマンスが上がらない。

マネージャーはそもそも「日々の仕事が忙しくてそれどころではない」「メンバーが成長しない」「現場からよい提案が出てこない」と嘆いている。

一方メンバーはといえば、「上の方針がコロコロ変わる」「手戻りが多い」「そもそも古臭い慣習が邪魔して、それどころではない」「経営やマネージャーは現場をわかっていない」と不満を募らせる。

組織を強くしたい。自分も成長したい。みんな目指している未来は同じはずなのに、なぜ職場に一体感が生まれないのでしょうか。どうすればチームが、部署が、組織が、うまくかみ合うようになるのでしょう。ひいては、組織や業界を超えて課題解決や価値創造ができるようになるのでしょう。

私は、その答えの1つが「リスペクティング行動」にあると考えています。

日々のちょっとした発言や行動の中で、相手にリスペクト（敬意）を伝える。その積み重ねがあるかどうかが、組織の一体感に大きく影響してきます。

「ここでは成長できる」「この人たちとならよい仕事ができる」「この人たちになら協力してもいい」そのような気持ちがかかわる人たちに芽生えてきます。

「相手をリスペクトする」というのは、その人を「一人のプロ」として見ることです。この人はどんな思いや知識やスキルを持っているのか。どうすれば、この人の最高のパフォーマンスが発揮されるのか。そう考えながら相手と話す。相互理解をしながら、一緒に仕事を進めていく。

職場にそのような視点を持つ人が増えると、マネージャーやメンバーの間に相互リスペクトが生まれます。ミーティングでの情報共有や、成果物へのフィードバックの仕方、業務報告の際の会話などが、変わっていきます。

相手をないがしろにするような言動は減り、それぞれの仕事や働き方への理解が少しずつ深まっていきます。誰が何をしているのかが見えやすくなる。マネージャーもメンバーも、自分が何をすればよいのか、相手に何を期待すればよいのか、自分はどこで価値を発揮すればよいのかを考え、主体的に行動しやすくなります。

発言や行動だけでなく、職場の仕組みも変わっていきます。全員が心地よく仕事をするために、ビジネスチャットツールなどを活用してコミュニケーションしたり、業務プロセスそのものを見直す動きも加速していくのです。

コミュニケーションやマネジメントが改善されると、誰もがヘルプを出しやすい職場になります。相手が自分をリスペクトしてくれているとわかっていれば、その人を頼れるようになる。リスペクトは支え合い、助け合いを生みます。

「悪気のない一言で一体感が損なわれていた組織」が、「ちょっとした一言をひろって助け合える組織」になっていく。リスペクトには、そのような効果も期待できます。
この「リスペクト」の重要性を講演や対談などでお話すると、多くの方が共感してくれます。職場に足りないのは、まさにその部分だと言ってくれるのです。
その後、リスペクトを示す意識を持ち、発言や行動、職場の仕組みを変えて、組織変革を進めている方々もいます。その実践から、私が学ばせてもらっている部分も大いにあります。

そこで今回、職場に相互リスペクトを生み出していく方法や考え方を一冊にまとめました。リスペクトによって職場から「悪気のない言動」を減らし、「チームの一体感」を生み出すための着眼点をより多くの人に届け、リスペクトを体現できる組織と人が日本に増えていってほしい。私はそう思っています。

本書では、職場の一体感を奪うよくある悩みを24事例取り上げています。それぞれの問題点を解説し、解決策を提案していきます。「よくある悩み」には、例えば次のようなものがあります。

・期待通りの成果が出てこない
・日程調整に手間や時間がかかりすぎる
・社内のアナログな慣習が変わらない
・誰がどんな仕事をしているのかわからない
・メンバーが退職するとき、だいたい揉める

このような事例に心当たりがある方は、ぜひ本書に目を通してほしいと思います。悩みの解決、組織の変革につながるヒントが、きっと見つかるはずです。本書によって、みなさんの組織に、あるいはその周辺の組織にまで、リスペクティング行動が広がることを願っています。

第1章　リスペクトがなければ、チームはもう回らない

第2章　職場の一体感を奪うコミュニケーションと解決策

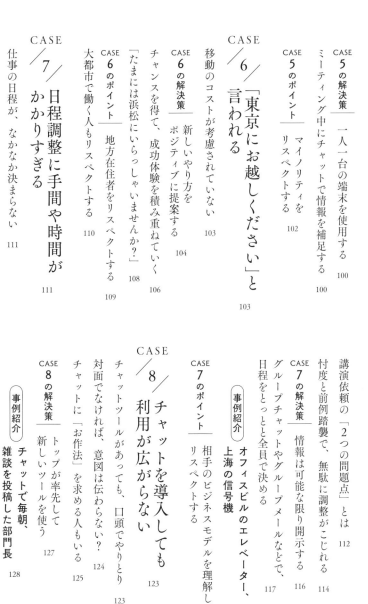

第4章　認め合う・期待し合う　リスペクティング行動

第1章

リスペクトがなければ、チームはもう回らない

◆「職場に一体感がない」のはなぜなのか

この本は「なぜ職場がうまく回らないのか」「どうすればよいのか」と悩んでいる人のための本です。

マネージャーもリーダーも、メンバーも一生懸命に働いている。でも、職場に一体感がない。チームがうまく機能していない。メンバーのパフォーマンスがなかなか上がらない。そして、顧客やお取引先ともよい関係が築けない。一人ひとりはよく頑張っているのに、どうしてその努力に応じた結果が出ないのか。そのような悩みに答えていきます。

「職場に一体感がない」

これは、組織として問題、課題を抱えています。みなさんは自社の組織がどのようなタイプか、考えてみた経験はありますか？

◆「統制型」「オープン型」の組織がある

会社組織にはさまざまなタイプがありますが、ここでは大きく2つに分けてお話していきましょう。1つは「統制型（ピラミッド型）」の組織。もう1つは「オープン型」の組織です。

統制型（ピラミッド型）の組織と、オープン型の組織にはそれぞれ次ページの図のような特徴があります。なお、この図は対立を煽りたくて作成したものではありません。どちらにも合理性がある。その前提で、この先を読み進めてください。

図の各要素を、この後くわしく説明していきます。自社や自分のチームがどちらのタイプに近いか、考えながら読み進めてみてください。

◆統制型は体系的で、管理や計画がしやすい

統制型（ピラミッド型）組織の最大の特徴は「トップダウン型」である点。例えば製造業で、経営層が「これが売れる！」と判断したら、開発や製造、販売、管理などの

図1　統制型の組織とオープン型の組織

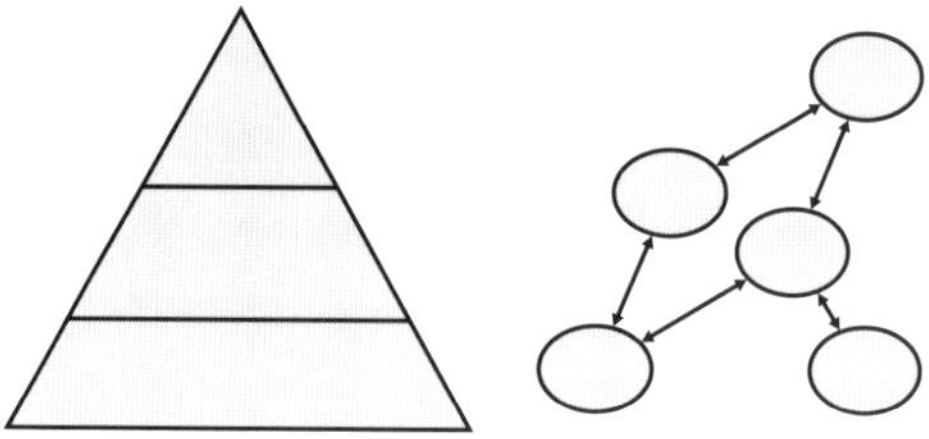

	統制型（ピラミッド型）	オープン型
体制・環境	トップダウン型	コラボレーション型
行動様式	ルールありき	ビジョン／ゴールありき
マネジメント	統制管理型	権限移譲型
コミュニケーション	報連相	雑相（ザッソウ）
情報共有	クローズ・逐次共有	オープン
制度・風土	横並び主義	違いを認め合う／活かす
	失敗を許さない	トライ＆エラーが評価される
学習スタイル	組織内での経験学習（OJT重視）	「越境学習」重視
仕事の進め方	ウォーターフォール型	アジャイル型

いずれも合理性がある。しかし
統制型（ピラミッド型）オンリーではイノベーションや
トランスフォーメーションは生まれにくい
↓
部分的にでもオープン型に変えていく必要がある

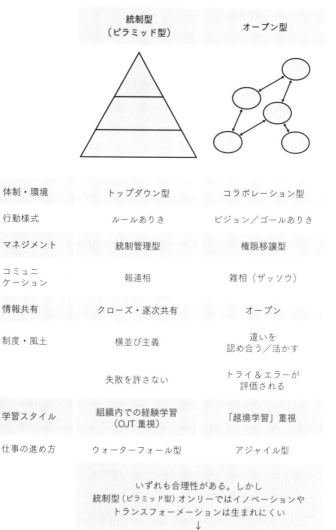

各部門はその号令に従って動いていく。体系的な組織です。管理統制がしやすく、一定の業務を計画的にこなしていくのに適しています。

統制型ではルールの遵守や情報管理が重視されます。コミュニケーションも上位層が決めたことを順次（および逐次）下位層に伝達し、現場の進捗や気づきなどは下位層から上位層に「報連相」する形をとります。全員横並びで失敗を減らし、堅実に仕事をこなすスタイル。上流から下流へと流れる滝のような情報伝達や指示命令がおこなわれることから、ウォーターフォール型とも呼ばれます。

上位層が答えを持っていて、下位層がその指示に従うことで答えを出すことができる領域においては、ある意味大変合理的なシステムです。

1つの会社組織でピラミッドを形成している場合もあれば、親会社と子会社、元請けと下請けといった形で大きなネットワークを構築し、トップダウンで業務プロセスを回している場合もあります。

◆オープン型は柔軟で、変化に対応しやすい

一方で、オープン型組織の特徴は「コラボレーション」です。メンバー間やチーム間、ときに社外や他業種・他業界の人たちとの協業、共創が大きな特徴。同じゴールやテーマを持ち、さまざまな立場の人たちが素早くつながり、小さなトライ&エラーを繰り返しながら自分たちなりの答えを出していく。柔軟で、変化に対応しやすいタイプです。過去に答えのないテーマに向き合うとき、新規事業創出などの新たなチャレンジに適しています。

オープン型では「何を目指すか」というビジョン／ゴールが重視されます。メンバーは一定のルールを守りつつも、ときにルールを疑ったり変えたりもする。課題解決のために権限を他者に移譲する場合もあります。例えばベテランに知見や体験のないテーマについては、若手社員に権限を移譲する。

そのため、コミュニケーションは旧来型の「報連相」より「ザッソウ」スタイルが適しているともいわれています。これは株式会社ソニックガーデンの代表取締役社

長・倉貫 義人さんが提唱している考え方で「雑談と相談」を意味します。「雑な相談」の意味もあるそうです。ちょっとした雑談を通じてマネージャーとメンバー、あるいはメンバー同士で相互理解を図りつつ、柔軟に課題解決をするためのコミュニケーションスタイルです。

メンバーはコラボレーションを意識し、お互いの違いを認め合って、それぞれの強みを活かそうとします。情報はオープンに共有し、連携や意思決定、実践を素早くおこなっていきます。失敗を恐れず、アジャイル（機敏な）型で仕事を進めていく。何事も小さくスタートして、検証しながら成果を出していきます。

◆どちらにも合理性があり、よいところがある

みなさんの所属している組織やチームは、どちらのタイプに近いですか？　自分のチームはこのタイプ、他部署は別のタイプといった職場もあるかもしれません。２つのタイプの特徴をさらに掘り下げながら、「なぜ職場がうまく回らないのか」を考えていきましょう。

2つのタイプの特徴を比べてみると、統制型は古いタイプの組織、オープン型は新しいタイプの組織に見えるかもしれません。統制型には欠点が多いように見えるかもしれない。しかし、どちらのタイプにも合理性があり、よいところがあります。

統制型の組織は、経営層が完全な答えを持っている領域では極めて合理的に機能します。トップの指示通りに、無駄なコストをかけることもなく、事業を大規模に展開できる。例えば水道やガス、鉄道、金融機関といったインフラを守るような業務には合理的な仕組みともいえるでしょう。

また、統制型組織では指示をする側も受ける側も、決められた役割をこなしさえすれば対価を受け取ることができる。ある意味で将来が約束されています。これほど合理的な仕組みはないでしょう。統制型組織は非常時や緊急時の対応も素早く、かつ的確におこなわれやすいです。

旅客機のCA（キャビンアテンダント）は、緊急事態が発生するとサービス要員から保安要員に役割を切り替えます。必要に応じて「ヘッド・ダウン／頭を下げて」と強い指示を出すようになる。緊急時に「お客様、大変申し訳ありませんが」などと言っていたら乗客に身の安全を守るための行動を素早くとらせることができません。統制型の行動には、そのような合理性があります。

◆統制型一辺倒では、うまくいかなくなってきた

一方で、統制型の組織には「変化への対応」「新しい発想」「メンバーの主体性」といった面で弱さがあります。体系的に整備された組織だからこそ、従来と違う「変化」や「新しさ」を受け入れるのは難しい。対応に時間がかかります。また、メンバーは基本的にルールに従って行動しているため、主体性を発揮する機会は少なくなりがちです。

従来通りの仕事をこなしている分にはいいのですが、「変化」というパラメータが入った瞬間に、たちまち行動停止・思考停止してしまうことがあります。統制型は安定しているものの、変化には弱い。

大手製造業に代表される、統制型の組織は過去50年～60年ほど、日本の経済成長に

大きく貢献してきました。しかしその一方で、私たちの思考や行動も、社会構造やカルチャーさえも、統制型の組織に最適化しすぎてしまった。同質性の高い人たちが同じ場所に集まり、同じ働き方で成果を出す。そのスタイルだけが正解になってしまった側面があります。そこからの逸脱や切り替えが難しくなっている。ここにイノベーションを阻害するジレンマがあります。

私は、統制型の企業で経験を積んだ人がオープン型のベンチャー企業に転職して苦労する姿を幾度となく見聞きしてきました。ベンチャーやスタートアップ企業では、主体性や臨機応変な働きを求められる場面が多い。ところが、統制型一辺倒の組織や地域で働いてきた人は、なかなか頭と体がついていかないのです。

◆技術面でも環境面でも、変化が多い時代

これからの時代において、アジャイルさや臨機応変さはベンチャーやスタートアップ企業に限らず、すべての組織に求められる資質です。

いまは「VUCA」といわれるように、変化の多い時代です。現代社会にはVolatility（変動性）やUncertainty（不確実性）、Complexity（複雑性）、Ambiguity（曖昧性）といった予測しにくい要素が満ちています。

情報技術の革新が進んでChatGPTなどのツールが登場し、地球環境も温暖化現象などによって様変わりしています。近年はCOVID-19のような、過去に経験のないリスクも現れました。少子高齢化はもはや他人事ではない社会全体の課題です。いずれの問題、課題も過去に解決するための答えを求めにくい。すなわち、これまでの成功法則や勝ちパターンが通用しにくいと考えることができます。

◆組織の中には「答え」はないかもしれない

社会全体が目まぐるしく変化しているこの時代に、過去のやり方に「答え」を探そうとしても、なかなか見つからないでしょう。

ヒエラルキー構造における上位の人、すなわち経営者や管理職、ベテランの考えは、これまではおおむね正しかったかもしれません。しかし、その前提は成り立たなくなってきています。例えば「AI技術をより効果的に使おう」と考えたときに、アナログなやり方で仕事を積み上げてきたベテランに「答え」が出せるのか。

これはベテランだけの話ではないかもしれません。そのような問いに答えられる人は、若手にもいないかもしれない。同じ会社組織や業界の中、同じチームの中で、同じやり方をしている人たちだけで考えていても、いつまでたっても答えを出すことができません。

◆「答え」にたどりつけないから、組織が回らないのかもしれない

「組織がうまく回らない」と悩んでいる人たちが、仕事のコミュニケーションやマネジメントで手を抜いているのかといえば、そうではないでしょう。

誰もが一生懸命に仕事に取り組んでいる、それでもうまく回らなくなってきている。そのような状況なのだと思います。自チームや自社、自業界が、この本に書かれているような状況に陥ってしまっていないかどうか、振り返ってみてください。

・従来通りのやり方で対応しようとして、思考停止してしまっていないだろうか

・新しい発想が必要なのにもかかわらず、そのためのインプットや着眼点が枯渇していないだろうか
・主体的に動きたいと思いながらも、腰が重くなっている日がないだろうか

どうでしょうか。

みなさんの組織やチームでは、最新のＩＴツールや技術を仕事に素早く活用できていますか？　その分野に主体的に踏み出す人や、なんらかの「答え」を出せる人はいるでしょうか。そのようなアクションに鈍さを感じるのであれば、そこに「組織がうまく回らない」を解決するヒントがあるかもしれません。

◆企業時価総額ＴＯＰ50に、日本企業がゼロ

日本の企業が世界の企業時価総額ランキングから姿を消しつつあります。

私たちは、いままでのやり方「だけ」を続けていては、きっとうまくいかない。社会はどんどん変化しています。過去に強かった企業でも、同じやり方にこだわってい

ては、強さを維持しにくい時代になっている。いわば、ビジネスモデルや社会モデルがそろそろ賞味期限切れを迎えているのです。

1989年（平成元年）には、企業時価総額トップ20のうち14社が日本企業でした。当時の上位5位はすべて日本企業です。しかし2023年（令和5年）のランキングでは、トップ20はすべて海外の企業。トップ50まで確認してみても、日本の企業は入っていません。国内の企業で最も順位が高かったのは、52位のトヨタ自動車でした。

このランキングを見ると、いままでの合理性の延長線上で、過去の成功体験の中から「答え」を探すのは本当に難しくなったのだと感じます。

◆ 2つの型を使い分ければ、課題解決しやすくなる

私はこのランキングを通じて「日本はもうダメだ」と言いたいわけではありません。海外にもIBMやGEのように、最新ランキングでトップ50圏外になっている企業があります。一方で、コカ・コーラやウォルマートは1989年も2023年もトップ50に入っています。

図2　世界時価総額ランキングTOP50

1989年

順位	企業名	時価総額（億ドル）	国・地域名
1	NTT	1,639	日本
2	日本興業銀行	716	日本
3	住友銀行	696	日本
4	富士銀行	671	日本
5	第一勧業銀行	661	日本
6	IBM	647	アメリカ
7	三菱銀行	593	日本
8	Exxon	549	アメリカ
9	東京電力	545	日本
10	Royal Dutch Shell	544	イギリス
11	トヨタ自動車	542	日本
12	General Electric	494	アメリカ
13	三和銀行	493	日本
14	野村證券	444	日本
15	新日本製鐵	415	日本
16	AT&T	381	アメリカ
17	日立製作所	358	日本
18	松下電器	357	日本
19	Philip Morris	321	アメリカ
20	東芝	309	日本
21	関西電力	309	日本
22	日本長期信用銀行	309	日本
23	東海銀行	305	日本
24	三井銀行	297	日本
25	Merck	275	アメリカ
26	日産自動車	270	日本
27	三菱重工業	267	日本
28	DuPont	261	アメリカ
29	General Motors	253	アメリカ
30	三菱信託銀行	247	日本
31	British Telecom	243	イギリス
32	BellSouth	242	アメリカ
33	BP	242	イギリス
34	Ford Motor	239	アメリカ
35	Amoco	229	アメリカ
36	東京銀行	225	日本
37	中部電力	220	日本
38	住友信託銀行	219	日本
39	Coca-Cola	215	アメリカ
40	Walmart	215	アメリカ
41	三菱地所	215	日本
42	川崎製鉄	213	日本
43	Mobil	212	アメリカ
44	東京ガス	211	日本
45	東京海上火災保険	209	日本
46	NKK	202	日本
47	ALCO	196	アメリカ
48	日本電気	196	日本
49	大和證券	191	日本
50	旭硝子	191	日本

2023年

順位	企業名	時価総額（億ドル）	国・地域名
1	Apple	23,242	アメリカ
2	Saudi Aramco	18,641	サウジアラビア
3	Microsoft	18,559	アメリカ
4	Alphabet	11,452	アメリカ
5	Amazon.com	9,576	アメリカ
6	Berkshire Hathaway	6,763	アメリカ
7	Tesla	6,229	アメリカ
8	NVIDIA	5,728	アメリカ
9	UnitedHealth Group	4,525	アメリカ
10	Exxon Mobil	4,521	アメリカ
11	Visa	4,518	アメリカ
12	Meta Platforms	4,454	アメリカ
13	台湾積体電路製造（TSMC）	4,321	台湾
14	騰訊控股（Tencent Holdings）	4,239	中国
15	JPMorgan Chase	4,135	アメリカ
16	LVMH Moet Hennessy Louis Vuitton	4,125	フランス
17	Johnson & Johnson	4,076	アメリカ
18	Walmart	3,842	アメリカ
19	Mastercard	3,376	アメリカ
20	Procter & Gamble	3,285	アメリカ
21	貴州茅台酒（kweichow Moutai）	3,235	中国
22	Novo Nordisk	3,234	デンマーク
23	Samsung Electronics	3,162	韓国
24	Chevron	3,111	アメリカ
25	Nestle	3,087	スイス
26	Eli Lilly and Company	3,056	アメリカ
27	Home Depot	3,026	アメリカ
28	Merck	2,784	アメリカ
29	Bank of America	2,736	アメリカ
30	Abbvie	2,702	アメリカ
31	Coca-Cola	2,590	アメリカ
32	阿里巴巴集団（Alibaba Group Holdings）	2,451	中国
33	Pepsico	2,423	アメリカ
34	ASML Holding	2,420	オランダ
35	Broadcom	2,415	アメリカ
36	Oracle	2,390	アメリカ
37	Roche Holding	2,354	スイス
38	Pfizer	2,344	アメリカ
39	中国工商銀行	2,205	中国
40	Prosus	2,177	オランダ
41	Costco Wholesale	2,169	アメリカ
42	L'Oreal	2,115	フランス
43	Thermo Fisher Scientific	2,112	アメリカ
44	Shell	2,111	イギリス
45	AstraZeneca	2,075	イギリス
46	中国建設銀行	2,020	中国
47	Cisco Systems	1,992	アメリカ
48	International Holding	1,958	UAE
49	Mcdonald's	1,931	アメリカ
50	Linde	1,919	アメリカ

注1：2023年2月28日時点
注2：1989年のデータはダイヤモンド社のデータ
（https://diamond.jp/articles/-/177641?page=2）を参照
注3：2023年のデータはWright Investors' Service, Incのデータ
（https://www.corporateinformation.com/Top-100.aspx?topcase=b#/tophundred）を参照
注4：小数点以下は四捨五入
注5：1USDに対し、次のレートでドル換算した。
そのため参照元と順位が異なる場合がある。
3.75SAR 30.65TWD 6.93RMB 0.94EUR 7.03DKK
1,318.38KRW 0.94CHF 0.83GBP 3.67AED

出典：「2023年世界時価総額ランキング。世界経済における日本の存在感はどう変わった?」
STARTUP DB（2023.03.03）

どの国のどのような企業でも、時代に合わせて仕事や働き方やルールやカルチャーをアップデートすれば、よい成果を出せるのです。

私がみなさんに伝えたいのは、繰り返しになりますが、これまでに最適化してきたやり方「だけ」では、成果を出しにくくなってきた事実です。

統制型の組織は、統制型一辺倒で業務をおこなうのではなく、オープン型も取り入れてハイブリッドな仕組みを整えていったほうが、確実に強くなります。例えばＡＩにくわしい人材が社内で見つからない場合に、外に目を向け、外部の人材と素早くつながれれば、課題の早期解決に結びつくでしょう。無理に自分たちだけで答えを出そうとしない。

これまでとは違う能力や発想を束ねて、新しいプロジェクトを立ち上げたり、既存の課題を新たなアプローチで解決していくためには、オープン型の動きも必要です。そのような場面では、統制型のやり方は適さない。これは適性の違いです。

統制型に適した仕事と、オープン型に適した仕事があります。この2つの型の特徴を正しく認識して使い分ければ、課題解決や価値創造しやすい体質に変わることができます。

◆「そんなこと、後回しでいい！」場面

「2つの型を使い分ける」にはどうすればいいのか。具体的な例を挙げながら紹介していきます。

みなさんが普段、仕事をしていて、「そんなこと、後回しでいい！」と言ってしまう／言われてしまう場面はありませんか？

マネージャーやリーダーが期待した成果物がメンバーから上がってこない。それどころか、いつまでたっても進捗しない。メンバーはどうやら優先順位の低い作業に時間を費やしているようだ。そこで「そんなことよりも」と言ってしまう。あるいはメンバーとして、指示された通りに作業をしたはずなのに、結果を報告すると「そうじゃなくて」と言われる。

私自身もそのような場面に過去に何度か遭遇しました。じつはその一言、その一場

面に組織の課題が現れています。

◆悪気のない一言が、職場の一体感を奪っている

「そんなこと」のような一言が飛び出す職場には、よい雰囲気、よいチームワークはなかなか生まれません。マネージャーやリーダーはメンバーを信頼しきれず、何事も細かく指示を出すようになっていくでしょう。またメンバーも、指示に振り回されていると感じて、主体性もモチベーションも失っていくのではないでしょうか。

仕事が思い通りに進まなかったとき、いら立って「そんなこと」と口にしてしまう気持ちもわかります。相手を傷つけようとして言っているわけではないと思いますが、しかし悪気のないその一言が、職場の一体感を奪ってしまう場合もあるのです。

◆どうすれば、すれ違いをなくせるのか

どうしてマネージャーやリーダー、メンバーの間に悲しいすれ違いが起きてしまう

のか。それはおそらく、お互いの見えている景色がかみ合っていないからです。コミュニケーションが不足していたり、お互いの立場や状況の理解が不足していたり、業務プロセスに問題があったりして、仕事の目的や内容を相互理解できていない。お互いがお互い、よかれと思って突き進んだ方向や、ここの仕事に対する温度感、ひいては見ている景色が違い、お互いにとって「思わぬ結果」になってしまうのです。

決められたルーチンワークだけをこなすのであれば、それほど大きな景色の違いや誤解は発生しないでしょう。お互いの間に誤解が生まれやすいのは、非日常的な突発業務（トラブル対応なども含む）や新しいテーマに取り組むとき、経験したことのない複雑な仕事に取り組むときです。そのような条件下では普段よりも丁寧にコミュニケーションをとり、お互いの景色を合わせてものごとを進めていく必要があります。

ここで「2つの型を使い分ける」スタイルが有効に機能します。

◆フラットにコミュニケーションをとる

これまでのやり方が通じる場面では「統制型」で、一定のルールに従って業務を速やかに進めていく。しかし柔軟な対応が必要なときには「オープン型」を取り入れる。無駄に壁をつくらずフラットなコミュニケーションを展開し、お互いの景色を合わせながら、お互いの期待役割を明確にし、共にエンパワー（相手を信頼して任せる）しながら課題を解決していく。この使い分けが、組織の問題解決力や価値創造力を高めます。意思決定層やマネージャー、リーダーが仕事を抱え込まなくて済むようにもなります。

統制型が色濃い組織においては、メンバーが一人で悩みを抱えやすいです。疑問や不明点があっても「こんなことを逐一、多忙なマネージャーやリーダーに聞いてはいけない」「従来のやり方で対応しなければ」と考えてしまうメンバーは気軽に質問や相談ができない。しかしそこで仕事を抱え込んでいては、疑問は解消せず、ものごとは前に進みません。

このような職場では、いわゆるヒヤリ・ハットの共有もされにくい傾向にあります。なぜなら、「こんな些細なことを忙しいマネージャーに報告するのは申し訳ない」とメンバーが思ってしまうから。あるいは「それくらい自分で解決しなさい」と叱られるだけ、面倒なことになるから。こうして現場のメンバーはヒヤリ・ハットを共有しなくなるか、あるいは自己解決しようとする。ところがうまくいかない。気がつけば火の手は大きくなっていく……そして炎上。「なぜ言わなかったんだ!?」「だって、聞いてくれないじゃないですか！」

メンバーが優先度の高い仕事を先送りにしてしまい、後になって「そんなこと、後回しでいいのに！」が起こる。このすれ違いも、過度な統制型カルチャーによる相互の景色違いや、相互無関心によりもたらされていると考えられます。

無用なすれ違いを防ぐために、マネージャーやリーダーに早めに相談するのもよいのですが、場合によっては彼ら／彼女たちも答えを持っていないかもしれません。そのときは専門知識を持っている人や経験がある人を探さなければいけない。

◆自社、自業界でできることは限られる

チームの中でできること、自社や自業界、自地域の中だけでできることには限界が

あります。中に答えが見つかりそうになければ、視野を広げて外にキーパーソンを探し、その人とフラットにつながって問題解決を目指す必要があります。

そのようなやり方に馴染んでいかないと、チームも、そしてあなた自身の仕事も成長も停滞してしまうかもしれません。停滞するだけでなく、衰退していく可能性もあります。

◆チームの、組織の空中分解を防ぐために

「そんなこと、後回しでいい！」

この景色違いが発生しやすい職場には、フラットなコミュニケーションが少ない組織的な課題があります。何を話すにしても壁や段差、溝のようなものがあり、フラット（平ら）な対話が広がらない。統制型一辺倒でやってきて、ルールを増やしすぎた職場でよく見られる症状です。

みんなそれぞれ一生懸命やっているのに、壁や段差があってすれ違う。うまくいか

ないからお互いにストレスが生じる。そしてイライラするから悪気なく、よけいな一言を口にしてしまう。その結果として「職場がうまく回らない」状況になっていくわけです。そのままではチームは、組織は、空中分解してしまうでしょう。

もちろん問題の原因は1つだけではありません。しかし、みなさんが「フラットなコミュニケーションの少なさ」に思い当たる節があるのなら、きっとこの本が役立つはずです。この本を使ってチームの、組織の空中分解を防ぎましょう。

この本では先ほど挙げた「そんなこと、後回しでいい！」のエピソードのような、「職場でよくある問題・課題」を取り上げながら、その問題の解決策や考え方のポイントを解説していきます。どうすれば、職場がいまよりもうまく回るようになるのか。そのヒントになる情報をできる限り具体的に伝えていきます。

◆コラボレーションしながら、答えを探す

いまは変化の多い時代、答えのないテーマに向き合わざるを得ない時代です。自分

たちとは働き方や専門性、地域が異なる人とも協力しなければ、答えはなかなか見出せない。立場が異なる人ともフラットにつながり、コラボレーションして、共にヒントを探していく。共に答えを出していく。そのようなやり方も取り入れないと、課題解決はもちろん、イノベーションを起こすのも難しい。私たちはその現実に向き合う必要があります。

◆ダイバーシティが、組織の強みになる

チーム内でもマネージャーやリーダー、メンバーが、フラットにコミュニケーションをとる。社内の他部署とも、お取引先や協力会社の人とも、無駄に垣根をつくらずに、オープンに関係を築いていく。地方在住の人、時短勤務の人の知恵や力を借りる。さまざまな立場の人とコラボレーションしながら答えを探すと、視野が広がり、課題解決が早くなります。多様な人とのつながりを持つ、すなわちダイバーシティが組織の強みになるのです。

◆だからこそ、「つながれない」はリスクになる

多様性が力を持つこの時代において、さまざまな立場の人とフラットにつながれないのは組織の大きな経営リスクであり、個人のキャリアのリスクにもなります。誰とでもつながれる人、チーム、会社組織、業界になるために、お互いのことを認め合い、期待し合う関係性をつくっていく必要があります。まずはチーム内で、お互いを理解し合う。相互理解を深めながらそれぞれが役割を果たし、信頼関係を築いていく。そしてその関係性を社内の他部署や社外のお取引先やビジネスパートナー、顧客、他業界や地域社会にも広げていきましょう。

個々のつながりを基盤としながら、チームの外、会社組織の外へと越境してつながっていく。他者とつながりながら価値を生み出す時代になっています。外部の力を取り入れながら未来へ進む組織こそが、変化の多い時代にも生き残れる。そういえるのではないでしょうか。

◆お互いの勝ちパターンをリスペクトしよう

多様な人とつながり、コラボレーションを生んでいくためには、相手を理解し、尊重する行動が欠かせません。それと同時に、自分たちも相手に認識してもらう必要があります。お互いの勝ちパターンを認め合う。それが重要なのです。お互いに、相手の仕事の仕方に対してリスペクト（敬意）を持つ。そのような関係性を構築しながらものごとを進められるチームや組織は、変化にも柔軟に対応しつつ高いパフォーマンスを発揮することができます。

◆組織に対するエンゲージメントも高まる

社内でメンバー同士が相互にリスペクトを持っていれば、そのチームには強い信頼関係が生まれるでしょう。メンバーの組織に対するエンゲージメントも高まります。そのような企業文化は社外にも伝わり、魅力的な企業として評価され、意欲的な人や優秀な人たちへの求心力も高まります。

フラットなコミュニケーションがおこなわれている職場では、メンバーが自ら問いを立て、問題解決の方法を主体的に考えて実践する場面も増えます。一人ひとりが仕事のテーマを自分ごと化し、自分で仕事の進め方を考え、自らの将来像を思い描き、仕事を通じてキャリア自律をする流れも生まれるのです。

◆「リスペクティング行動」を心がける

相手を下請け扱いしない。フラットにつながって行動できる組織には、マネージャーやリーダー、メンバーの間に相互リスペクトがあります。リスペクトは日々のちょっとした発言や行動によって、少しずつ育まれていくものです。私は組織変革などをテーマにした講演で、そのような「リスペクティング行動」を強調および推奨しています。

社内でマネージャーやリーダーが「なんでも相談して」「こまめに報告して」と言っていても、まともに取り合わなかったり、メンバーが望まない行動を合意なしに勝手にとったり、あるいは否定や批判をしようものなら、メンバーは相談も報告もしなくなります。あるいは義務感の相談や報告しかしなくなります。心理的安全性が低いとは、そういうことです。

一方、お互いにリスペクトがあり、信頼関係が構築されている職場では、誰もが困ったときに「助けて」と言えます。そのような行動づくり・風土づくりを進めていけば、「つながれない組織」も少しずつ「つながりやすい組織」になっていきます。

◆リスペクティング行動とは？

リスペクティング行動を私は次のように定義しています。

メンバーの「強み」「特性」「やりたいこと」「事情」などを認め合い、期待し合う言動や振る舞い。およびそれらを促進する環境づくり。

繰り返しになりますが、お互いを正しく認め合い、期待し合うチームは、信頼関係のもとに高いパフォーマンスを発揮できます。コラボレーションによる課題解決、価値創造が求められる時代において、リスペクティング行動は個人スキルとしても、組織スキルとしても必須のものだといえます。

◆リスペクティング行動・3つの要素

リスペクティング行動という言葉を見て、なんらかの行為をイメージする人もいると思いますが、私はリスペクトを育むためには3つの要素が必要だと考えています。「発言」「行動」「業務プロセス」の3つです。業務プロセスの中には、組織のルールや慣習、コミュニケーションの仕方、仕事の進め方など、さまざまな要素が含まれています。

世の中には「振る舞いや言葉遣いは丁寧だけれども、何を決めるにも2週間も3週間もかかる」組織があります。私の変革仲間である、澤円（さわまどか）さんは「日本企業は『礼儀正しく時間を奪う』」と表現していますが、なかなか言い得て妙なメッセージだと思います。この場合、発言と行動には問題がなくても、業務プロセスには

図3　リスペクティング行動・3つの要素

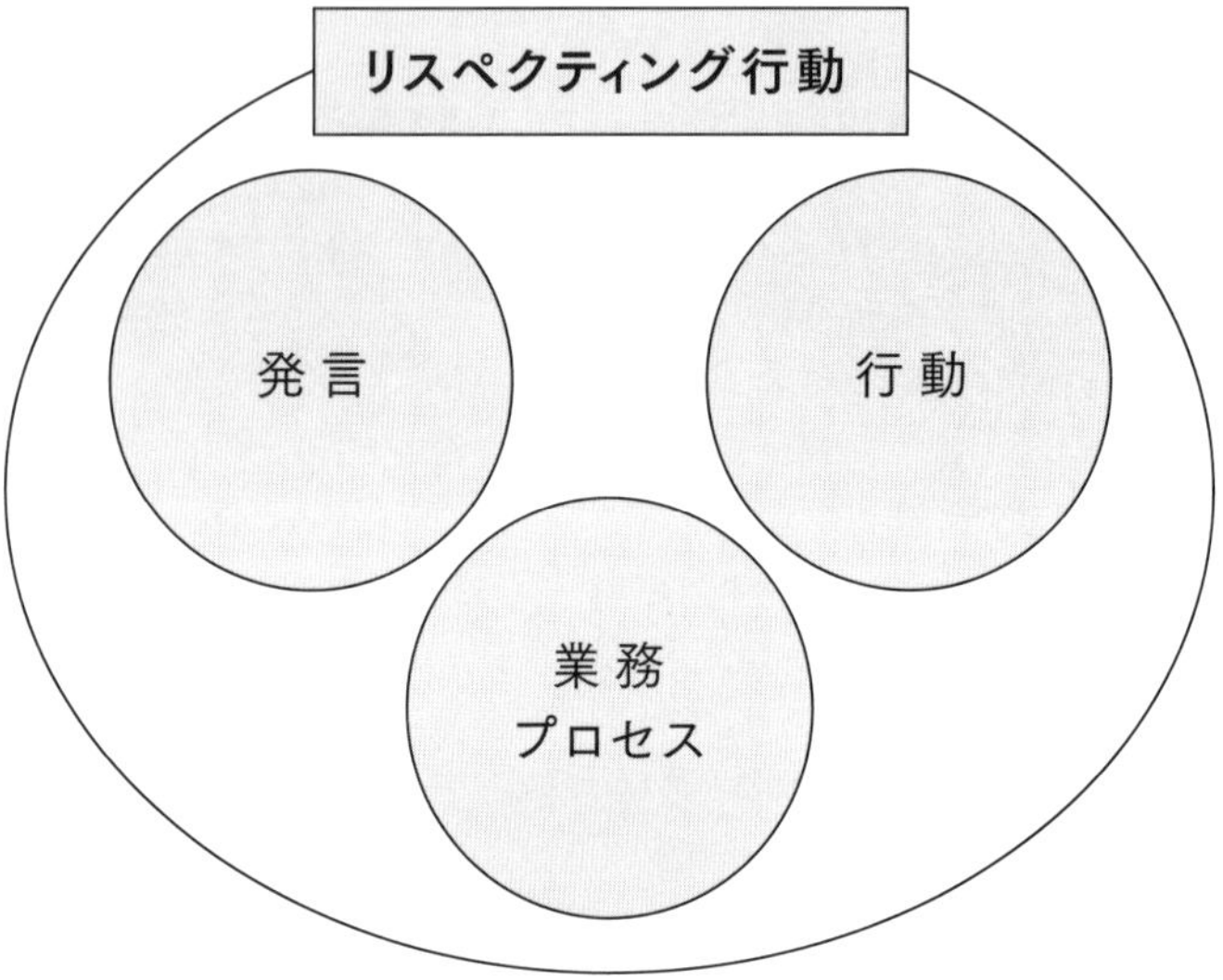

リスペクティング行動は行動だけでなく、発言、業務プロセスも含むもの。
この3要素を意識すると、理解・改善しやすくなる

問題があります。雅なスピード感の仕事は、顧客やお取引先などに機会損失を発生させます。それは相手に対するリスペクトを欠いた行動であるといえます。

例えば、必要十分な情報を提示しているにもかかわらず、回答や意思表示に1週間も2週間もかけていたら、相手の企業や担当者は「信頼されていない」「ぞんざいに扱われている」と不信感を持つでしょう。スピーディーな意思決定や行動が求められる時代において、「この会社は大丈夫かしら？」と思われるかもしれません。すなわち、その会社組織のブランドイメージにも

大きく影響します。

リスペクトは行動だけで示すものではない。発言や行動、業務プロセスによって総合的に体現するものです。リスペクティング行動は、単なるマナー論ではなく、組織の能力でありプロセスなのです。

◆発言だけ丁寧にしても、問題は解決しない

「そんなこと、後回しでいい！」

この一言は、言い方自体にも問題がありますが、では「それは後でよいので、こちらを優先してください」と丁寧に言えば相手に嫌な思いをさせずに済むのかといえば、そうではありません。

発言だけを丁寧にしても、フラットなコミュニケーションがとれていない状態は解決しない。お互いに無駄な作業をして、ストレスを抱えている状態は変わらないので

す。発言を丁寧にすると共に、その背景にある仕事の進め方や業務プロセスの問題にも目を向ける必要があります。

◆組織開発で「悪気のない一言」を減らしていく

私は今回「悪気のない一言」や「リスペクティング行動」を本のテーマに掲げていますが、適切な発言や行動を教えるのは、マナー講師の仕事です。私はマナー講師ではありません(むしろ、マナー論は苦手です)。組織開発、働き方改革、マネジメント改革を専門とする人間です。

その私がなぜ「リスペクティング行動」の本を書くのか。それは、リスペクティング行動が行動や発言のみならず、業務プロセスに大きく基づくものだからです。

「景色を変えて、組織を変える」

組織の景色、すなわち日々の仕事の進め方やマネジメントの仕方である業務プロセス、制度、風土、仕組み。それらを見直して組織をエンパワーメントする。それが私および当社のミッションです。

丁寧な言葉遣いでパワハラする人に対して、ただ発言の見直しだけを求めても根本的な解決には至りません。そのせいで「組織がうまく回らない」のであれば、マナーの改善ではなく、組織開発が必要です。組織開発によって「悪気のない一言」を減らしていく。さまざまな人たちの能力と意欲を解放する。それがリスペクティング行動の目指すところです。

◆「半径5メートル以内」から始めよう！

相互リスペクトは、日々の小さな心がけによって生まれ、育っていきます。まずはあなたの「半径5メートル以内」の世界、身近なところから、リスペクティング行動を実践していきましょう。

まずは隣にいる人に、小さな敬意を示す。メンバーから業務の報告を受けたときには、たとえ「そんなこと」と思うような内容だったとしても、「ありがとう」と感謝を伝えましょう。そして業務プロセスに問題があるのなら、それも改善していきましょう。そのような積み重ねによって、あなたの周りにリスペクトが広がっていきます。

半径5メートルからスタートして、チーム全体へと信頼関係を広げていく。リスペクティング行動によって一体感のある組織をつくり、その魅力を会社全体にも、お取引先やビジネスパートナーにも、顧客や地域にも伝播させていく。そんな未来を思い描きながら、この本のページをめくっていただければ幸いです。

第2章

職場の一体感を奪うコミュニケーションと解決策

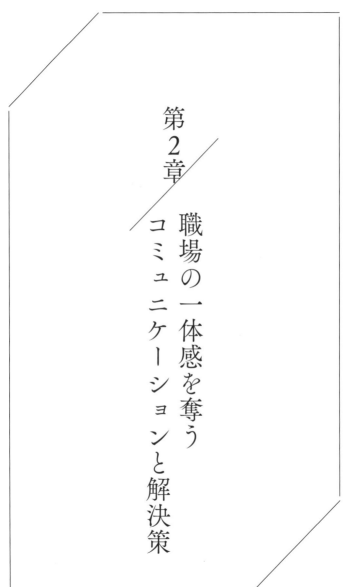

◆あなたは職場でリスペクトされていますか？

みなさんは最近、職場で「リスペクトされている」と感じていますか？

自分はまわりのメンバーから十分に評価されている。承認されている。知識や能力などを認められている。そう感じるでしょうか？　あなたの価値は、職場で正しく理解されていますか？

世の中には、同僚にポジティブな言葉をかけるカルチャーがない組織もあります。一緒に仕事をしている相手を、わざわざ褒めるのは照れくさい。だから面と向かって褒めたりはしない。各自が各自の仕事をやっていれば、それでよいと考えるわけです。言われた仕事を黙ってやる。やって当たり前。それ以上でもそれ以下でもない。担当業務をこなしたくらいで、いちいち褒めたり喜んだりしていられない。そういうムードがただよう職場もあります。

しかし、第1章でも述べた通り、その「やって当たり前」「できて当たり前」という文化が、職場に悲しいすれ違いを生んでいる場合もあります。悪気なく発した一言、何気ない態度がチームの一体感を壊してしまうときもある。ただ仕事をこなすだけではなく、お互いの仕事を認め合い、理解し合うのも必要です。

そこでこの第2章では、リスペクト不足とはどういった状況なのか、そして仕事を認め合うために何をすればよいのかを、具体例を挙げながら紹介していきます。リスペクト不足で職場がうまく回っていないとき、私たちは何をすればよいのか。どのようなリスペクティング行動を心がければ、状況を変えていけるのか。いろいろな事例を通じて、働き方のヒントを探していきます。

◆ 5つの問いで「リスペクトとは?」を考えてみよう

この後、さまざまな事例を紹介していきますが、その前に、みなさんにいくつか質問をします。「リスペクティング行動」を実践的に考えるための問いです。

次の5つの問いを読んで、「相手にリスペクトを伝えやすいのはどちらなのか?」を考えてみてください。具体的な場面、具体的な行動をイメージしながら、「そもそもリスペクトとは何か?」「自分はどうするのがよいか?」をより実践的に検討してみましょう。

どの場面にもいろいろなやり方があると思いますが、ここでは2つの選択肢を用意しました。どちらか自分の考えに近いほうを選んでください。

①チーム全体で取り組む新プロジェクトが発足。どのように依頼するか?

A チーム全員の前でプロジェクトの目的などを説明する

B 中心メンバーに概要を伝えて、みんなにも言っておいてもらう

②お取引先とミーティングをする際、実施場所はどのように決めている?

A 相手が都市部に大きなオフィスを持っているので、基本的にそちらに行く

B 相手先に行くときもあるが、こちらに来てもらうときもある

③複数の関係者に会議の日程を打診する。理想的な聞き方はどちら？

A　早く決めたいから、関係者全員のチャットグループをつくる

B　全員に候補日を複数出してもらい、1週間以内に決定する

④メンバーからの報告がいつも遅れ気味。どう対応すれば改善する？

A　「なぜ遅れてしまうのか」と問いかけて、対策を出してもらう

B　簡単な内容はチャットで報告させて、報告のスピードを上げる

⑤会議で若手がプレゼンを披露。物足りない出来だった場合、どう注意する？

A　どこが課題なのかに気づいてほしいので、具体的に指摘する

B　若い頃は課題が多いもの。まずはチャレンジした点を褒める

いかがですか？

◆5つの問いに対する、1つの回答例

どちらが相手にリスペクトを伝えやすいか。自分は日頃リスペクトを示せているか。5つの問いを通じて、仕事の仕方について、じっくり考える機会を持ってもらえたら嬉しいです。

5つの問いに対する、私の回答を紹介します。私は以下のような行動をしたほうが、リスペクトを伝えやすいと考えています。ただし、状況によっては別の行動をとったほうがよい場合もあるでしょう。相手との関係性や案件の緊急度などによって、仕事の正解は変わります。これはあくまでも1つの回答例として考えてください。

回答例

① A　チーム全員の前でプロジェクトの目的などを説明する
② B　相手先に行くときもあるが、こちらに来てもらうときもある
③ A　早く決めたいから、関係者全員のチャットグループをつくる
④ B　簡単な内容はチャットで報告させて、報告のスピードを上げる
⑤ B　若い頃は課題が多いもの。まずはチャレンジした点を褒める

回答の意図を簡単に説明します。5つの例については、この後のCASE解説で掘り下げていきますので、該当ページもぜひ読んでみてください。

◆「よりよい関係を築くためには?」を考える

①は、効率を重視するならばB「中心メンバーに概要を伝える」でもよいのですが、チーム全員にプロジェクトへの参画意識を持ってもらうためには、A「全員の前で説明する」ほうが効果的です。一人ひとりへの信頼を伝えやすくなり、チームの結束力を高められる可能性があります。この例はCASE3(79ページ)でくわしく解説しています。

②のミーティングの実施場所については、発注側のオフィスに受注側が訪問するパターンが多いのではないかと思います。特に発注側が都市部の会社の場合、そうなりがちです。それでもよいのですが、私は実施場所を固定せず、柔軟に考えたほうが、

相手との間によりよい関係を築けると考えています。くわしくはCASE6（103ページ）をご覧ください。

③④は、どちらもチャットツールの活用をおすすめします。会議の参加者も、チームのメンバーも、ほかにいろいろな仕事がある中で会議に出席したり、報告を上げたりしています。A・Bどちらのやり方にも理がありますが、関係者に必要以上の負担をかけずに、かつスピーディーに話を進めるためには、チャットのようにオープンなコミュニケーションを活用したほうが効果的です。使い方のポイントはCASE1（64ページ）、CASE7（111ページ）で説明しています。

⑤の若手への助言も、A・Bどちらにもメリットがあると思います。相手の成長段階によって正解は異なるかもしれません。ただ、さまざまな会社の話を聞いていると、課題の指摘はよくおこなわれる一方で、チャレンジを評価する動きは少ないように見えます。そこで私はBを選択しました。CASE11（152ページ）でも事例を紹介しています。そちらも参考にしてください。

なお本書では、①~⑤の例のほかにも多数の具体的な事例を紹介しています。

この第2章ではいわゆる「報連相」やミーティングでのやりとりなど、主にコミュニケーションの課題を取り扱います。続く第3章は社内・社外の人間関係やメンバーの育成など、主にマネジメントの課題を紹介していきます。

どこからでも読み始められる構成になっていますので、気になる項目から読んでみてください。それでは、事例を紹介していきましょう。

CASE 1 「聞いてない！」

◆トラブルが起きてから、報告がくる

マネージャーやリーダーはチームのメンバーから日々、さまざまな報告を受けます。その中には案件スタートの知らせもあれば、進捗状況を伝えるものもあるでしょう。何事もタイムリーに伝達されていればよいのですが、中には業務がかなり進んでから、初めて報告が上がってくるケースもあります。

情報共有が遅れるのはよくはありませんが、それでも順調に進捗しているのであれば、余計な波風は立たないでしょう。しかしときには、トラブルが起きてから報告がくるケースもあります。

メンバー「すみません部長。じつはA社の〇〇さんとの間で、こんな問題が起こってしまいまして」
マネージャー「えっ？」
メンバー「先週〇〇さんからご依頼をいただいて対応していたのですが、お互いの認識に齟齬がありまして」
マネージャー「聞いてない！」

報告を受けて、初めて問題が発覚するパターンです。私も過去に同様の経験をしました。このようなケースでは、マネージャーやリーダーは「知らない」「聞いていない！」と言ってしまいがちです。

◆叱責していたら、事態は悪化するかも

しかし、報告が遅いからといって「私は聞いていない！」「なんでもっと早く言わないんだ！」とメンバーを叱責していたら、事態はますます悪化していくでしょう。

第一に、マネージャーとメンバーが「言った」「言っていない」の議論をしていては、目下の問題への対処が遅れます。それよりも解決を急ぎたいところです。

次に、報告しても叱責されるだけで、マネージャーが問題解決の方法を一緒に考えてくれるわけでもなければ、メンバーは次に同じような事態に陥ったとき、報告をためらうようになるかもしれません。ひょっとして、常にそのような関係性にあり、マネージャーが関与するといちいちめんどくさいから、今回もメンバーは自分だけで解決しようと試みてしまったのではないでしょうか。自分一人でトラブルを収束させてから、事後報告しようと考えるかもしれない。これでは問題を一人で抱え込む組織風土が醸成されてしまいます。それは組織として不健全ではないでしょうか。

目の前の問題を早く解決するためにも、同じ過ちを繰り返さないためにも、対応を変えたほうがよいでしょう。メンバーから「機を逸した報告」が上がってきたとき、マネージャーやリーダーはどのように返答すればよいのでしょうか。

CASE 1の解決策

報告を受けたら、まず感謝する

⑩感謝する

「聞いてない！」「どうして早く報告してくれなかったのか」

その一言を言いたくなる気持ち、私も本当によくわかります。私もそのような発言をしてしまった経験があります。

しかし、そこで衝突していては、メンバーとの関係性も職場の風土もよくならないです。報告を受けたら、まず感謝しましょう。

疑問を感じる内容であったとしても、まずは「報告してくれてありがとう」と伝える。そしてそこから状況を把握しつつ、マネージャーとして自分ができることは何か、自分に何を期待しているかを、相手との対話を通じて合意形成していく。

トラブルの報告を聞くのは嫌なものですが、報告を上げる側も苦しんでいます。伝えれば叱責されるかもしれないのを承知の上で、それでもやはり言わなければいけないと覚悟を決めて報告をしている。その思いをくんで、まずはねぎらいの一言をかけましょう。

報告にはまず感謝やねぎらいを示す。それによって、メンバーは「問題が起きたときには、早く報告したほうがいい」「このマネージャーは話を聞いてくれる。日頃からコミュニケーションをとろうかしら」と感じるようになっていきます。

◆「なぜ報告が遅れるのか」を考える

報告を受けた際の対応は以上になりますが、それに加えて「なぜ報告が遅れるのか」も考えてみましょう。同じ問題が繰り返されているのであれば、報告を上げるプロセスに問題があるのかもしれません。

例えば、マネージャーやリーダーがいつも忙しくて、席を外しているときが多い職場もあります。そのような環境では、メンバーが報告のタイミングをはかるのが難しいかもしれません。何かを伝えようとしても、マネージャーに「いま忙しいから後にしてもらえる？」と言われてしまう。「そのくらい自分で判断して」と突き放されることもある。毎日そのようなやりとりが続いていたら、やがてメンバーは「こんな小さな話で手間をとらせたら申し訳ないな」と考えるようになっていくでしょう。

◆報告のハードルを下げる

「報告しにくい環境」ができてしまっているのなら、それを見直す必要があります。マネージャーやリーダー、メンバーがフラットに報告・連絡・相談をできるように、業務プロセスの改善をはかりましょう。

その1つに、「報告の時間を設ける」方法。毎日何時から何時までを、報告を受ける時間として設定します。その時間は、マネージャーやリーダーは声をかけられたら作業の手を止めて報告を聞く。周囲に「話しかけにくい」と思われているのなら、その壁を取り除くのです。

壁のない時間をつくり、フラットに話しかけられる環境を用意する。それによって報告のハードルが下がります。

◆チャットツールで案件チャンネルをつくる

私が顧問をしている企業では、新たな案件が始まるとMicrosoft Teamsのチャット上にその案件名のチャンネルがつくられます。メンバーはそのチャンネルに進捗状況を書く。誰でもいつでも情報を書き込める。マネージャーはコメントを見て、コメントや気づきを返信する。報告・連絡・相談が日常的に、フラットにおこなわれる状況になっているのです。

マネージャーやリーダーは、そのチャンネルを見れば現在の状況を自分の都合のよいタイミングで把握できます。メンバーも、わざわざ報告しなくても、そのチャンネルで日々の仕事のやりとりがおこなわれていますから、マネージャーやリーダーに知ってもらえます。お互い、わからない点だけ質問すればよい。TeamsやSlackなどのビジネスチャットツールを使っている職場であれば、すぐにでも実践できる方法です（もちろん、一定のテキストコミュニケーションスキルは必要であり、場合によってはその育成に時間とお金を投資したほうがよいでしょう）。

◆備忘録もチャンネルに書き込んでいく

TeamsやSlackなどの案件チャンネルに、個人作業の備忘録を書き込むメンバーもいます。「備忘録」と書いて、何月何日までにこの作業、何日までにこの作業とメモを記入する。このやり方には4つのメリットがあります。

1つ目は自分自身へのリマインド効果。チャットを確認すれば作業の抜け漏れを防げます。

2つ目は他のメンバーとの連携。同僚が「備忘録」を見て、声をかけてくる場合がありますます。例えば「このお客さん、私も接点があるので連携しませんか」といった形で。備忘録に関係者が「この指とまれ」する機会が生まれるのです。

そして3つ目は報告の簡略化です。わざわざ報告の時間をつくらなくても、進捗状況が可視化されます。「いつ報告しよう／させよう」のような気遣いがなくなっていきます。

さらに4つ目、その人以外の人でも対応できるようになる。例えば本人や家族の突然の体調不良などで、期日にその対応ができなくなった場合。備忘録程度にでも案件チャンネルに残しておけば、他のメンバーが引き継げたり、その備忘メモをお互い見ながらチャット、オンラインミーティング、音声通話などで他のメンバーにフォローをお願いしやすくなります。

CASE 1のポイント

お互いをリスペクトする業務プロセスに

マネージャーやリーダーは忙しい。メンバーは報告のタイミングがつかめない。そのままではいつまでたっても情報共有の接点をつくれません。まるで天の川の織姫と彦星状態。「報告の時間」を設けたり、いつでも報告できる「案件チャンネル」をつくったりして、報告なる行為のハードルを下げましょう。

業務プロセスを見直して、お互いの立場をリスペクトする形に整えていく。報告しやすい仕組みをつくる。それによって、情報共有の遅れはなくなっていきます。無駄ないざこざも起こらなくなっていくでしょう。

さらには「報告」なる上下関係を匂わす行為が、横でフラットに情報共有をし、解決する「相談」の文化に変わっていきます。日頃のコミュニケーションの仕方は、ツールの使い方次第でも変わってくるのです。

CASE 2 そんなこと、後回しでいい！

◆優先順位を間違えてしまう人がいる

メンバーが優先順位の低い仕事、いま取り組む必要のないと思われる仕事の結果を報告してくる。第1章でも例に挙げたように、マネージャーやリーダーは「そんなこと、後回しでいい！」と感じてしまいます。第1章の話と重なる部分もありますが、これは報告の場面に限らず、職場のさまざまな局面で見られる問題であり、もう少し掘り下げて考えてみます。

例えば、緊急事態が起こって、チーム全員でトラブル対応を優先しなければいけないときに、その流れに気づかない人もいます。緊迫したムードの中で、みんなが作業の手を止めて状況確認や対処のために力を合わせているのに、自分の席に座って、通常業務を淡々と進めているメンバーがいる。そのような場面では、マネージャーの口調も荒くなりがちです。

マネージャー「○○さん、いま何やっているの？」
メンバー「来月リリースする××機能のテストです」
マネージャー「それ、いまやる仕事じゃないよね？　空気読もうよ」
メンバー「えっ？」
マネージャー「そんなこと後回しでいいから、こっちに手を貸して！」

◆「そんなこと」、その一言が取り返しのつかないことに……

緊急時にも自分の通常業務を優先するような人がいたら、イライラしてしまうのも仕方がありません。しかし、自分の仕事を「そんなこと」と言われたら、メンバーはどんな気持ちになるでしょう。「私の仕事って『そんなこと』なんだ」と感じるのではないでしょうか。

同様の仕事をしている人も、同じように落胆するかもしれません。「このマネージャーは、私たちの仕事を『そんなこと』だと普段から思っていたんだ……」、言われた本人だけではなく、その仕事を生業としている人たちへの悪影響も考えられます。

こうして、マネージャーとメンバーとの溝が生まれてしまう。

この表現は、その対象の価値をおとしめる言い方。公衆の面前で「そんなこと」と口にするのは、一緒に働くメンバーへのリスペクトを欠く行為です。第1章でも伝えましたが、そのような言い方をしていたら、たとえ悪気がなかったとしても、チームの一体感を損なってしまうでしょう。

CASE 2の解決策

仕事の目的や内容を適切に伝える

⑥情報を共有する

望ましくない優先順位の報告がくる。緊急時でも作業を切り替えられない人がいる。

そのような問題が続くようであれば、チームのコミュニケーション、仕事の進め方がうまくいっていないのだと考えましょう。メンバーが優先順位の判断に悩む／迷うのは、仕事の目的や内容が適切に伝わっていないからです。

期待にそぐわない報告が上がってくるのは、氷山の一角だと考えてください。その背後にはもっと多くの「認識の違い」があるはずです。

マネージャーやリーダーの初動はCASE1と同じ。まずは報告に感謝します。

緊急時でも通常業務を進めている人がいたら「いまどんな仕事をしているのか」を質問し、確認する。そこで回答を得たら、まず「ありがとう」です。状況を確認できた点に感謝しましょう。仕事の優先順位が正しく認識されていないとわかった。あとは、優先的に取り組んでほしい仕事を伝えるだけです。

「いまは緊急事態なので、このトラブルの解決を急いでほしいです」
「事態が収束するまでは、通常業務よりもトラブル対応を優先します」
「具体的には、あなたには〇〇の仕事を任せたいです」

このような言い方で仕事の目的と内容を伝えれば、メンバーも状況を正しく認識し、迷わず仕事に取り組めるでしょう。通常業務への情熱を失ったりはしません。

もちろん、マネージャーやリーダーとて全知全能の神ではありません。たまたま自分に見えていないだけで、じつはいますぐやらなければいけない優先度の高い他の仕事があり、その仕事にメンバーが取り組んでいる可能性も十分あります。ところが、頭ごなしに否定されては、メンバーはその説明をする余地が生まれないですし、それ以上話す気にもなれません。

その意味でも、感謝をベースにした対話をする。その場での対話で優先度を合意していく。その余地形成は、お互いの「すれ違い」「景色違い」をなくす上でもきわめて重要です。

CASE 2のポイント

相互に敬意を示しながら、「すれ違い」「景色違い」を減らす

認識の齟齬があった場合には、情報共有のチャンスだと考えましょう。仕事の目的や内容が伝わっていないと気づき、やり方を見直すためのよい機会です。お互いに一生懸命やっている点には理解や敬意を示しながら、業務プロセスを改善していく。第3章の184ページで仕事の依頼の仕方の工夫について解説しています。そちらも参考にしてください。

氷山の一角をとらえて対応を始めれば、それ以外のやりとりも改善していくはずです。仕事の優先順位をより明確に示して、すれ違いを減らしていきましょう。

CASE 3 一部の人にだけ、指示をしている

◆「みんなに言っておいて」で済ませてしまう

世の中には、マネージャーが一部の人だけを呼びつけて、指示を出している職場があります。チームのメンバーも全員同じフロアにいるのに、その人たちには語りかけない。次のような形で中心メンバーにだけ話をして、あとは任せてしまうのです。

マネージャー「そういうわけだから」
中心メンバー「はい、わかりました」
マネージャー「あとは君からみんなに言っておいて」

いかがでしょう。みなさんの職場で、このようなやりとりがおこなわれていませんか？

◆事情があれば、相手を限定してもかまわない

もちろん内容によっては、このようなコミュニケーションをとることもあります。例えば管理職限りなどの秘匿情報や、個人のプライバシーにかかわるセンシティブな情報を取り扱うときには、メンバーを絞ってやりとりするでしょう。セキュリティルールなどを勘案した上で、情報共有する相手を厳密に選定しなければいけない。その判断には合理性があります。

段階を分けて指示を出したい場合もあるでしょう。マネージャーから中心メンバーに案件の概要を伝え、その後の細かい作業の分担は、中心メンバーに任せたい。情報を段階的かつ効率的に広げていく形です。マネージャーが多数の案件を抱えていて、すべてをくわしく説明できない状況であれば、そのようなコミュニケーションもあり

得ます。

◆理由もなく、人を区別するのはよくない

事情があって一部のメンバーにだけ話すのはよいのですが、チーム全体に対する情報共有において、特に理由もないのにメンバーを区別するのは、よい判断ではありません。「この人には話す」「この人には話さない」という基準を設けていると、それがチーム内の距離感になっていく場合もあります。

仕事の指示が「伝言ゲーム」で伝わっていく。重要事項も仕様の変更も、マネージャーの口から直接説明されることはない。すべては口伝えによる人づての情報でもって共有される。例えば仕様の変更があったときに、中心メンバー以外は意見を言うことさえできない。すでに決定された内容を後で聞かされるだけ。

そのような職場では、メンバーたちは「自分は蚊帳の外なんだな」という気持ちになってしまうのではないでしょうか。それではチームに一体感は生まれない。メンバーの主体性も生まれにくい。これは、チームメンバーへのリスペクトを欠いている状

態ともとらえられます。

そのままでは、メンバーの心はマネージャーから離れていくでしょう。マネージャーからの期待や信頼を感じられない。メンバーの、チームに対するエンゲージメントが下がっていく可能性が高いです。

CASE 3の解決策 一斉共有する

⑥情報を共有する

このケースの対策はシンプルです。チーム全体にかかわる情報で、特に相手を限定する必要のない場合は、チームの全員に一斉共有する。

Microsoft TeamsやSlackのようなビジネスチャットツールを使っている場合には、チームの全員が見ているチャンネルに投稿します。チーム内のAさんに指示を出したい場合でも、個別にダイレクトメッセージを送るのではなく、Aさん宛ての内容を（Aさんにメンションをつけて）チームのチャンネルに投稿する。そうすれば、その案件について何がおこなわれているのか、チーム全員がわかりますよね。誰も蚊帳の外に置かずに、仕事を進めていけるのです。

ただし、個別に話したほうがよいケースもあります。例えば個人に対して厳しい指摘をする必要がある場合、相手が周囲に知られたくないであろうプライベートな話をする場合。そのときは個別に連絡をとりましょう。

◆一斉共有すると、意外な気づきが得られる

なんでもかんでも伝言ゲームによる順次の情報共有や、個別の情報共有でものごとを進めていたら、メンバー間に差が生まれます。伝達スピードの差、情報量の差です。誰かが「あの人は知っているのに自分は知らない」「不当に扱われている」と感じるような環境にもなりやすい。

また、仕事の属人化を招く懸念も生じます。逐次情報を受け取って共有するマネージャーやリーダーの労力やコミュニケーションコストも増える一方です。チーム全体が必要としている情報は、なるべく全員に一斉共有しましょう。

何事も全体共有していると、思わぬ気づきやメリットが得られる場合があります。例えば「その仕事に関係ないと思っていた人が、じつは見えないところで関係していて素早く動いてくれた」「意外な人が、前職時代の経験を書き込んでくれた」といった出来事が起こったりします。思いがけない、人との出会い、知識との出会い、意欲との出会いが生まれます。これを「偶然の出会い」といいます。

チームに眠っている価値を掘り起こす意味でも、チームに偶然の出会いをもたらす意味でも、情報はなるべくオープンに共有しましょう。

◆対面で伝える場合には、態度にも気を配る

会議などで対面で情報を伝える場合には、その場にいない人にも極力同じタイミングで内容を伝えるようにしましょう。その場合もチャットツールが役立ちます。議事などをグループチャットに書き込みながら会議を進めれば、その場にいない人でも内容をすぐに知ることができます。

対面の場で話すときには、仕草や態度にも気を配りたいところです。全員に話しているつもりでも、特定の相手にばかり目線を向けていたら、メンバー間に温度差が生じるかもしれません。全員の顔を見るイメージで話しましょう。もちろん、広い会場で大人数に語りかけるときは別ですが、チーム単位の会議であれば、一人ひとりに視線を向けながら話してください。

◆結束力が強くなり、トラブル対応が早くなる

情報の一斉共有を心がけているチームは、結束力が強いです。トラブルなどが発生したときにそれが如実に表れます。

私がIT企業に勤務していた頃のエピソードを1つ。ITの世界ではいわゆる企業混成チームでプロジェクトやチームを組んで仕事を進めることがよくあります。そのような混成チームにおいて、いわゆるプロパー（発注元の企業の社員）だけで物事を決め、それを一部の人にしか共有しないやり方をしていては（あるいは一次請け⇓二次請け⇓三次

請けのように順次共有していては）、組織の動きが鈍くなります。システムのどこかにトラブルが発生したとき、初動が遅れることも。

普段から情報をフラットに共有しているチームは動きが早い。所属会社や職位に関係なく、全員をプロジェクトの仲間としてとらえ、情報をすみやかに共有しているチームは、トラブル時の対応が早い。グループチャットはもちろん、対策室のような空間に情報を集めて、一斉共有する。チームの全員が「いま何が起きているのか」を理解しながら動くので、初動も、その後の展開も早いです。

情報を順次共有するスタイルでは、「待ちの時間」も発生してしまい行動のロスを生むのはもちろん、悪気なく「指示待ち」の姿勢を育んでしまいます。もちろん、会社対会社の契約形態に応じた指示の仕方、情報伝達の仕方には配慮が必要ですが、業務遂行上に必要な情報はなるべく一斉共有する。その工夫を重ねていきたいものです。

重要な情報も共有して、広く協力を求めるようにすれば、その仕事に対して主体性や当事者意識を持つ人も増えます。自分から「この仕事、私が担当しましょうか？」と手を挙げる人が出てくることもあります。

CASE 3のポイント

メンバーを一人のプロとしてリスペクトする

チームのメンバーを理由なく区別して、ある人には情報を与え、別の人には与えないのは、一人ひとりをプロとしてリスペクトしていない証拠でもあります。そのままでは、チームに一体感は生まれません。

全員を一人のプロとして認め、情報を一斉共有して、敬意を示しましょう。一人ひとりを信頼して業務を任せれば、きっとメンバーはその期待に応えてくれるはずです。

CASE 4 その場にいる人で話を進めている

◆タバコ部屋で、仕事を進めてしまう

情報共有がうまくいかないパターンは他にもあります。例えば、特定の人だけが集まる場で物事が決まってしまうパターン。その場にいる人だけで話を進めてしまい、それ以外の人が置いていかれます。例えばタバコ部屋などに居合せた数人で、その場で何かを決めてしまう。

リーダー「そういえばあの案件、いまどうなっているんだっけ?」
メンバーA「こういう状況です」

メンバーB「それだったら、○○さんにお願いすればいいんじゃないですか？」
リーダー「そうだね。Aさんはどう思う？」
メンバーA「いいと思います」
リーダー「じゃあ、○○さんに言っておいてください」

その場にいる人だけで意思決定しています。この場にいなかった第三者は、議論に参加さえできません。チームの中には、この案件に適した知識や能力を持っている人がいるかもしれない。チーム全体に情報を共有すれば、その場にいなかった人が手を挙げる可能性があります。特定の現場で閉じたコミュニケーションをとると、その可能性に蓋をしてしまう。これは大きな機会損失です。

◆その場にいない人が軽視されている

現場で口頭で、即決で意思決定すると、その場にいる人たちは気持ちよいでしょう。自分たちで、仕事を進めている感覚にもなります。

しかし、少人数で意思決定したものごとをチーム全体に伝え、正しく理解を得るためには手間もコミュニケーションコストもかかります。その場にいた人と他のメンバーでは考えが違う場合もある。ともすれば、曲解されて伝わっていく場合もあります。

「どうしてそんな話になっているの？」
「あの案件だったら、××さんが経緯をよく知っているのに」
「AさんやBさんが自分ではやりたくないから、人に押しつけたんじゃない？」

このような誤解が広がってしまったら、その対処も必要になります。決定は早くても、その後の作業が遅くなったりもするのです。

その場にいる人だけで方針を決めるやり方は、同席した人への目先のリスペクトはあっても、他の人へのリスペクトが不足していると考えられます。未来の担当者、未来の関係者への配慮が足りていないといえるかもしれない。

もちろん、なんでもかんでも全員で協議するのは非効率でもあり、迅速な意思決定ができなくなります。何事もケースバイケースでの対応が重要なのはいうまでもありませんが、一部の人でものごとを決める場合も、その経緯や結果をできるだけすみやかに全体に共有しましょう。

CASE 4の解決策

チャットに会話の記録を残す

⑥情報を共有する

一部の人だけで意思決定した場合には、その内容や決定の経緯、理由などを他の人も正確にキャッチアップできるように、できる限り早く一斉共有しましょう。

具体的にはグループチャットに決定事項を投稿する。チャットであれば、関係者全員にすみやかに情報を共有できます。意思決定の場にいた人と不在だった人に同時に連絡でき、認識の齟齬があれば確認し、お互いの理解のすり合わせができます。

テキストの形で記録が残るので、後からでも追いつける。意思決定の瞬間にはメンバー間の認識にタイムラグが発生しますが、チャットに記録を残せば、全員に共通理解が広がっていきます。

この方法は、すでに意思決定してしまった場合にも有効ですが、やむを得ず一部のメンバーで方針を決めなければならない場合においても有効です。

「これからこのメンバーで〇〇について決定します」
「決定事項は報告します」
「意見や提案がある人はこちらのスレッドにコメントを入れてください」

このような形で意思決定の経緯を説明し、参画する手段や場所を明示しておけば、他のメンバーもその話に後から参画できます。「その場にいない人」に不信感や疎外感を抱かせてしまう可能性を、大きく減らせるわけです。

◆立ち話の内容も、チャットに投稿する

私がお付き合いしているあるベンチャー企業の社長は、社員に対して口癖のように

「その話、チャットに投稿しておいて」と言っています。

休憩室などで、社員からたまたま相談や意見、提案を受けることもあるでしょう。いったんその場で話は聞く。しかし、そこで意思決定してしまったら不公平になる。例えば地方在住でリモートワークをしている人は、オフィスで社長との立ち話ができません。しかし会社の一員として、議論に参加する権利、意思決定にかかわる権利がある。そういう人の機会や意欲を奪わないよう、その社長はたとえその場で聞いた話であっても、チャットへの投稿を促し、チャットでみなの見える場で他の人の意見を集めたり、ひいては意思決定するようにしているそうです。

◆「覚えておく」のストレスから解放される

経営者や管理職は多忙です。多くの業務を抱えています。どこで誰とどのような話をしたのか、すべてを覚えておくのは難しい。悪気なく忘れてしまう場合があります。しかし話を誰かがチャットに投稿して、記録を残しておいてくれれば、「覚えておく」ストレスから解放されます。忙しい人であればあるほど、記録が助けになるというわけです。

相手が会話の内容を覚えておかなくてもよい状況を整える。それも一種のリスペクティング行動です。忙しい相手との相談が多い人は、会話の記録を心がけましょう。記録を残して、相手の脳のキャッシュメモリを解放する。済んだ話は忘れてもよい環境をつくる。そうすれば、相手はその瞬間やその次のテーマに集中できます。

次回ミーティングの予定を立てたのであれば、関係者全員のスケジューラにその日時を設定する。オンラインミーティングなら、URLも設定して記載しておく。情報を共有すると同時に、相手が「日時」などの短期記憶を安心して手放せるようにするのです。

◆ホワイトボードを活用するのもいい

チャットツールを使えない環境にある場合、ホワイトボードなどのアナログツールも有効活用しましょう。ホワイトボードに伝達事項を書き留めておく方法でも、全体の情報共有はできます。口頭でやりとりした内容をその都度、ホワイトボードに書き出しておく。そしてそのメモを見ながらミーティングをする。チームで共通理解を持ちながら、仕事や議論を進めていけます。

近年はいろいろな現場でIT機器が導入されています。例えば建築現場や航空機の整備場、食品製造工場などで、タブレット機器による進捗管理がおこなわれています。タブレットで現場の写真を撮って、チャットツールで素早く情報共有するようなやりとりが、さまざまな業界で当たり前になってきています。さまざまな現場で、写真を使って後工程の人に情報を引き継いだりもしている。口頭や文章で状況を長々と説明しなくてもよい。いよいよ、ITツールを活用した情報共有の場が広がってきている。過去の対応を記録しておけば、後で検索して探し出すのもラクになります。

できればIT機器やグループチャットツールを活用して、情報共有を進めてほしいですが、そうもいかない現場もあるでしょう。そのような現場においては、まずはホワイトボードの活用で情報共有をする習慣を身につける。ゆくゆく、チャットツールで情報共有するようにシフトしていく。そのステップも検討してみてください。チャットツールの活用によって、多くの現場で業務効率が向上しています。

CASE 4のポイント

未来の関係者もリスペクトする

その場で／口頭で仕事を進めるのは、いまこの瞬間の効率やラクさだけをリスペクトする行為です。その場にいる人にだけ敬意を示している。どんな仕事にもその後の展開があり、これからかかわっていく人がいます。未来の関係者に対してもリスペクトを持ちましょう。

さまざまな人とつながって、成果を出す働き方が求められる時代です。たまたま顔を合わせた人と、たまたま話した内容で仕事を動かすのではなく、時間や空間を超えて、多様な人と課題やノウハウを共有できる環境をつくっていきましょう。そのために、チャットツールのような手段の活用は非常に有効です。

CASE 5 会議室にいる人の意見で仕事が決まる

◆声の大きい人たちが物事を決めていく

一部の人が仕事の方針を決めてしまう。CASE4では、タバコ部屋で意思決定がおこなわれ、その場にいなかった人が取り残されるパターンを紹介しました。

チームのメンバーが一堂に会していても、同じような問題が起きる場合があります。全員でミーティングをしているけれど、議論をリードする人たち、つまり声の大きい人たちが、物事を決めていく。結果として、チーム内に温度差が生まれてしまいます。

対面で集まっているときにもこのパターンの問題は起こりますが、近年は、対面とオンラインを組み合わせてミーティングをしているときにも、参加者の間に「差」が生じてしまう傾向があります。会議室に集まってミーティングに参加する人たちと、リモートワークでそれぞれ個別に参加する人たち。会議室組のほうが声が大きくなり、オンライン組はただ話を聞いているだけ。このような状況になってしまうことがあります。

◆会議室にいる人のほうが権限が強い？

オンライン参加者Aさん「この件はどうしましょう？」

会議室の人たち「〇〇さん、来週余裕ありますか？」「大丈夫です」「じゃあ〇〇さんがいいんじゃない？」「そうしましょうか」

オンライン参加者Aさん「……」

会議室の人たち「木曜日には提出できます」「それでスケジュール設定しましょう」「了解です」「みなさんもよろしくお願いします！」

オンライン参加者Aさん「わかりました」

オンライン参加者Bさん「スケジュール、登録しておきます」

このように、会議室に集まっている人たちだけで話が進んでしまうケース。たしかに、対面していればオンラインよりもテンポよく話すことができます。しかしリモートワークの人には意見も聞かず、会議室組だけで仕事の進め方を決めてしまうのはよくありません。

これでは、会議室にいる人たちには強い権限があり、リモートワークで参加する人には権限がないようにも見えます。実際にはそのような区別をしていなくても、実態として両者の間に差異が生まれていく可能性があります。会議をするたびに、チームの一体感が砕けていくかもしれません。

だからといって「やっぱりリモートはダメだ」「会議のために出社しろ」ではなんの進歩もない。なおかつ、これまた遠方に住んでいる人、時短勤務などの制約条件がある人、複業をしている人、仕事以外の用事で忙しい人などに対するリスペクトを欠いた行為です。ダイバーシティ&インクルージョンの観点でもどうかと思います。

CASE 5の解決策

一人一台の端末を使用する

⑥情報を共有する　⑧共感や関心を示す

この問題の対策は一言。一人一台の端末を使用しましょう。それに尽きます。

会議室にいる人たちは大勢で、リモートワークの人たちはそれぞれ単独では、どうしてもパワーの差が生まれます。会議室にいる人も一人ひとり端末を分けて、個別にミーティングに参加しましょう。それによって、全員が同じ立場で発言できるようになります。

対面している人たちがオンラインミーティングから離れて、内緒話のような会話をしないのもポイントになります。意見はオンラインで、参加者全員に向けて言いましょう。全員で話を進めていく。そのためにミーティングの仕組みを工夫する。そうすれば、一部の人だけで仕事を進めてしまう問題は解消していきます。

◆ミーティング中にチャットで情報を補足する

ミーティングをしていると、誰かが発言をしている最中に、気づいた点を一言伝えたくなるときがあります。ただ、急に口を挟むと、話の流れを断ち切ってしまう。適切なタイミングをはかるのは簡単ではありません。

ところが、オンラインミーティングであれば、思いついた内容をその都度チャットで投稿できます。Microsoft TeamsやZoomなどのWeb会議ツールには大抵、チャット機能が搭載されています。ミーティング中に、参加者に向けてチャットを送信できる。その機能を使って、気づきを投稿しておくのです。

発言者は話のペースを落とさずに、チャットを横目で見て、その情報を話に取り入れられます。話を進めるのを優先し、チャットの内容は最後に補足するのでもよいでしょう。発言者も参加者も、それぞれのペースでミーティングに参画できます。

誰か一人の演説をひたすら聞くスタイルではなく、話を聞きながら、気づきや参考情報を各自の都合のよいタイミングで発信できる。オンラインミーティングならではの景色であり長所です。参加者の場に対するエンゲージメント（参加者意識、主体性、一体感）も高まり、参加者間の温度差を少なくすることもできます。

これはミーティングという場に対するリスペクト、参加者に対するリスペクトと考えることができるでしょう。

CASE 5のポイント

マイノリティをリスペクトする

このケースのポイントは、マジョリティ対マイノリティの対立関係の存在です。声の大きい人が多数派を形成し、少数派の意見を一顧だにせず、ものごとを進めている。それでは少数派は意見をしにくい、それどころか意見を持つことさえ諦めてしまうでしょう。もちろん、チームの一体感が醸成されるわけがない。

対面でもオンラインでもミーティングに参加できるようにするのは、マイノリティに対するリスペクトであり、マイノリティの意見を無力化しない意義があります。会議室に行くことができない人が、イコール、参加意欲のない人、意見やアイデアを持っていない人ではありません。仕組みと仕掛けの工夫と活用で、全員が等しく議論や意思決定の場に参画できる環境を整えましょう。

CASE 6 「東京にお越しください」と言われる

◆移動のコストが考慮されていない

私は静岡県浜松市で事業を営んでいます。おかげさまで全国各地の地域の方々とお仕事やコラボレーションをする機会がありますが、ミーティングの日程を相談しているとき、しばしば「東京のオフィスにお越しください」と言われます。

お招きいただけるのはありがたいのですが、ミーティングをするたびに浜松から東京まで移動するのではコストがかかりすぎます。交通費を負担していただいても、時間的な機会損失がものすごく大きい。往復の移動時間が長い。準備時間もかかります。その時間を仕事に使うことができれば、ミーティングの準備もできますし、他の仕事も犠牲にすることなく本来価値の創出にフルコミット（全集中）できます。

顔を合わせて話すのもよいものですが、日常的な多くの仕事はオンラインで代替可能です。簡易な用件であればチャットでのやりとりでも十分。チャットやオンラインミーティングも併用しながら、必要に応じて対面のミーティングを設定していく。手段を使い分ければ、お互いの負担も減ります。一方は移動の必要がなくなり、もう一方はミーティング場所の手配、交通費の処理などをしなくてもよくなります。対面にこだわらず、柔軟に仕事を進めていきたいものです。

毎回地方都市の人間が東京に呼び出されていたら、それこそ地方都市の人たちのビジネス機会はどんどん失われ、地方都市のハンデはますます大きくなります。

CASE 6の解決策 新しいやり方をポジティブに提案する

④自己開示する

同じような問題が企業の中、企業のまわりでも起きていないでしょうか。本社のメンバーとミーティングをするときには、東京に移動しなければいけない。お取引先の担当者に会うためには、先方に顔を出すのが慣習になっている。「対面が当たり前」になっていて、オンラインでも済む仕事にコストをかけすぎていませんか？

心当たりがある人は、やり方を見直していきましょう。対面の重要性も認識した上で、非対面の手段も活用していく。せっかく誘ってくれた相手に断りを入れるのは難しいかもしれませんが、伝え方を工夫すれば、不快な思いをさせずに、新しいやり方を取り入れていけます。例えば、次のような形でオンラインのメリットをポジティブに伝えてみてください。対面したい気持ちも伝えるようにします。

企業のご担当者様「東京のオフィスにお越しください。交通費はお支払いします」

沢渡「ありがとうございます。ぜひ一度オフィスにも伺いたいのですが、この時期は浜松での仕事が多く、なおかつ私は作家活動を本業としており、執筆時間を確保しなければならない関係上、移動時間のダメージが大きく、東京に出張する時間の確保が困難です。オンラインであれば、○日と△日の午後にミーティングできます。いかがでしょう？」

企業のご担当者様「そうなんですね。では、オンラインで◯日にお願いします。お話を早く進めたいので」

沢渡「承知しました。ご理解いただきありがとうございます。今度、ぜひ東京のオフィスにもお邪魔させてください。楽しみにしています」

企業のご担当者様「ぜひ。お会いする日程も、またご相談しましょう」

◆チャンスを得て、成功体験を積み重ねていく

私は自分から率先してオンラインミーティングを提案しています。相手の理解を得るために、オンラインの価値を言語化することに努めています。先ほどの例の他に、「オンラインであれば当方の他の関係者も参加できますし、話の流れに合わせて必要な資料もすぐ取り出して画面投影できますから、より密度の濃いミーティングをすることができます」と伝えることも。

大都市と地方都市、本社と支社、発注者と受注者。暗黙の上下関係ができてしまっていて、そのポジションをなかなか覆すことができないかもしれません。しかし弱い立場の人たちが「仕方がない」と諦めていたら、いつまでたってもイーブン（対等）な関係に変わることはできません。

相手を責めるのではなく、こちらの状況や立場を説明し、わかってもらう。加えてポジティブな提案、あるいは選択肢を増やすアイデアとして真摯に伝えれば、相手は理解をしてくれます。

それでも一方的かつ強引な主張をする相手とは、距離を置いたほうがよいかもしれません。相互リスペクトを持ってよい関係で仕事をし続けることができないですから。お互いにとってポジティブなやり方を提案し、実践しましょう。

やり方を変える機会を得たら、それを成功体験として積み重ねていきましょう。例えば、オンラインミーティングを相手に承諾いただいたなら、ミーティング当日は率先して場を仕切ったり、積極的に画面共有をして発言をしたり、チャットで相手にとって有意義な情報を提供する。そのような体験が、相手に「この人（あなた）とならオンラインでも問題ナシ」「むしろオンラインのほうが有意義なミーティングができるかも」と効力感を持たせ、新しいやり方に対するリスペクトの感情を醸成します。

◆「たまには浜松にいらっしゃいませんか?」

それでも対面にこだわる相手には、「たまには浜松にいらっしゃいませんか?」と逆提案することがあります。「いいですね! この機会に浜松に行ってみたいです」とおっしゃって、喜んで来てくださる方もいます。私も対面のコミュニケーションを否定しているわけではありません。会ってお話するのも好きです。

大都市の方が会社の経費を使って浜松を訪れてくれたら、それだけで浜松に大都市のお金が落ちます。ついでに食事をしたり、お土産物を買ってくれたなら、さらに地方都市にお金が落ちます。これは1つの地域貢献です。私は東京や大阪など、大都市で活動されている大学教授や有識者を浜松のオフィスにお招きし、研究の合宿をすることもあります。みなさん、笑顔で帰っていかれ、「次は家族で」とご家族で再びお越しになる方もいらっしゃいます。ちなみに浜松には鰻や餃子の他にも、もち鰹、みかん、牛(三ヶ日牛)、牡蠣、新玉ねぎなど、美味しいものがたくさんあります。

CASE 6のポイント 地方在住者をリスペクトする

ミーティングは対面が当たり前。なおかつ、大都市に集合するのが当たり前。それでは地方在住者のハンデは大きくなるばかり。COVID-19の騒動が一段落し、完全出社に戻す東京の大企業も増えてきています。オンラインでおこなわれていた学習イベントやフォーラムなども、東京現地開催のみに戻す動きも見られます。一定の合理性は理解する一方、私はそれは大都市の大企業の一方的なエゴであり「大都市のムラ社会」に思え、どうもモヤモヤします。

オンライン併用だからこそ、地方都市にいながらにして能力や意欲のある人が参画できる。リモートワークを活用すれば、その土地にいない人、その土地に行けない人と仕事をすることができます。「自分たちに会いにくる人」とだけ協働するスタイルでは、地方の人材とはつながりにくくなる。なおかつ、東京などの大都市ばかりに時間とお金が吸い上げられる不均衡な構造はいつまでたっても変わりません。大都市と地方都市の格差は広がる一方。

「その行動は、大都市の人たちだけの論理で正当化されていないか？」

「その行動は、地方在住者をリスペクトしているといえるか？」

そのような目で、慣習や行動を振り返ってみてください。

◆大都市で働く人もリスペクトする

一方で、地方在住者も大都市で働く人たちにリスペクトを持って接したいです。例えば、リモートワークやオンラインミーティングなどを受け入れてもらうにはリモートやオンラインで問題なくものごとを進めるためのスキルを身につけ、発揮できなければ話になりません。「この人とならオンラインでも十分によい仕事ができる」「遠く離れていても、この人たちとつながりたい」、そう思ってもらえるようスキルアップと行動変容に勤しみましょう。

CASE 7 日程調整に手間や時間がかかりすぎる

◆仕事の日程が、なかなか決まらない

私は企業や自治体、官公庁などから依頼を受けて講演をする機会が多いのですが、講演の日程がなかなか決まらない場合があります。とくに依頼元の組織と当社の間に中間会社が入る場合は、調整が長引く傾向にあります。

誰かが間に入ると交渉がスピーディーに進まなくなる。この問題は講演活動だけではなく、仕事のさまざまな場面で見られます。私の例を参考にしながら、解決策を考えていきましょう。

中間会社「都内の某大手企業でのご講演をお願いしたいです。候補日を3つ挙げていただけますでしょうか？　日程は1週間預からせてください。よろしくお願いします」

このようなご依頼をいただきます。文面は丁寧ですが、この仕事の進め方には大きく2つの問題があります。もしよろしければ、ここでページをめくる手を少し止めて、何が問題なのかを考えてみてください。

◆講演依頼の「2つの問題点」とは

いかがでしょうか。では、先ほどの依頼内容の問題点を解説していきます。

問題点1　依頼元がわからない

「依頼元がわからない」が1つ目の問題です。受注者側も相手を選ぶ権利があります。

人によっては、過去に不快な思いをして、二度とかかわりたくない企業もあるかもしれない。相手先がどのような企業なのかによって、仕事を受ける／受けないの判断が変わります。受けるかどうかわからない身元不明な相手との仕事のために、候補日程を確保する気にはなりませんし、それを強要する相手（中間会社）は受注者に対するリスペクトを欠いています。

問題点2　無駄な機会損失を発生させる

関係者への機会損失も看過できません。複数の候補日程を1週間も2週間も預かられたら、その候補日には他の仕事を入れることができないですから、受注者にとって大きな機会損失になります。お金にも時間にも比較的余裕のある大企業であれば、多少の損失は全体でカバーできるでしょう。しかし個人事業主や中小零細企業にとっては、その機会損失のインパクトは大きいです。

また、前述の通り依頼元不明の状態で相手の候補日を預かり、後で依頼元の名前が開示されてから「やっぱりやめます」「その会社との仕事はお断りします」となってしまったら？　すべてが振り出しに戻り、依頼元にとっても中間会社にとっても機会損失が発生することになります。こうなると、誰も幸せにならないですね。

◆忖度と前例踏襲で、無駄に調整がこじれる

このようなケースで、なぜ適切な情報開示がなされないのか。私は3つの要因があると考えています。

1つ目は中間会社の依頼元に対する忖度。「依頼元には決定事項だけを伝えたい」「余計な手間をかけさせたくない」などの忖度がある。また過度なセキュリティ過敏症に陥っているのか、「依頼元の名称を出さない」配慮が働いてしまう。その忖度によって、依頼する相手にはふわっとした要件と候補日程しか知らされない。

2つ目は前例踏襲。過去にそうしてきたから、今回も同じように連絡している。候補日程を1週間も2週間も預かるのが当たり前になっていて、相手や状況に応じて連絡内容をアレンジするような習慣がついていない。

忖度と前例踏襲によって、無駄に相手をモヤモヤさせ、調整がこじれるケースが多いように感じます。

3つ目は相手を下請け扱いしている態度。「お客様は神様」のような古い幻想のもと、依頼元や中間会社の言うことは絶対、受注者は従うのが当たり前のような、元請け／下請けの関係でもって相手を支配しようとする。その態度が行動に表れてしまっている。私は本来、中間会社は依頼元と受注者双方の利害をくみ、調整をしてよい「落としどころ」に着地させるからこそ価値があると思っていますが、依頼元の「風見鶏」「メッセンジャー」の役割しか果たしていない。そのような会社に介在価値があるのでしょうか？

みなさんの組織はいかがでしょうか？　中間会社やお取引先との間で、このようなトラブルやいざこざが発生していないでしょうか。

このような煩わしさと不快さがあるから、私（当社）は中間会社を介したお仕事の優先度を下げています。

CASE 7の解決策

情報は可能な限り開示する

⑥情報を共有する

中間会社が「依頼元に失礼があってはいけない」と考え、ハンドルを握ろうとする気持ちもわかります。しかし、私のこれまでの経験からいって、ほとんどの依頼元はそのような忖度を求めていません。

依頼元に事情を説明すると、すんなりわかり合えるケースがほとんどです。むしろ「（中間会社は）そんなにまどろっこしい仕事の仕方をしてたんですか。知らなかった」「依頼元の名前に秘匿性も何もないのに、とっとと開示してほしいですね」と言う担当者も。

そもそも情報が開示されない、イコール、信頼されていないと相手は思ってしまいます。警戒してしまう場合もあるでしょう。そのような相手と、気持ちよく、お互いリスペクトを持って仕事をすることができるでしょうか。中間会社はその基本を理解した上で、むしろ依頼元になるべく情報を開示させるくらいの働きかけをしてほしいものです。

◆グループチャットやグループメールなどで、日程をとっとと全員で決める

仕事の依頼をするとき、以下の2つを徹底しましょう。

解決策1　最初から社名や部署名、実施場所などを相手に伝える

隠す必要のない情報は、最初に伝える。社名や実施場所などに秘匿性がどれだけあるでしょうか。依頼元が出し渋るようなら「それ、秘匿性ありますか?」「開示したほうが、相手も安心して素早く意思決定してくれます」と伝えましょう。そのほうが調整が早く進み、お互いのストレスが軽減されます。

これは多くの仕事に当てはまる話です。例えば、マネージャーがメンバーを介して他社に仕事を依頼する場合にも「変に忖度せず、情報を積極的に開示する」を原則にしたほうがよいでしょう。そのほうが、熱意のある相手とつながりやすくなります。

112ページで例示した依頼文には「都内の某大手企業」とありましたが、それも問題です。同じ都内でも、当日のスケジュールの都合で「大田区ならば可能」「板橋区では不可能」などの判断もあり得ます。もちろん、講演会場がどこなのかを受け手が質問すればいいわけですが、情報が最初から開示されていれば、お互いに無駄なコミュニケーションの手間も省くことができます。

解決策2　スケジュールは関係者一同ですぐに決める

事例のように「依頼元から中間会社へ」「中間会社から受注者へ」と連絡を切り分けて、途中に保留期間を設けていたら、話はなかなか進みません。

依頼元の合意が得られるのであれば、初期段階から関係者すべてが入ったチャットやメールのグループをつくり、全員で要件の詰めやスケジュール調整をおこないましょう。チャットやスケジューラを活用すれば、日程はすぐに決まります。そのような習慣をつけておくと、今後の仕事にも役立つはずです。

「情報開示が大事なのはわかるけど、どこまでオープンにしてよいのかがわからない」と感じる人もいるかもしれません。

情報開示にはポイントがあります。相手の意思決定を早くするためには、どのような情報を出したほうがよいか、その問いを立てましょう。検討材料となる情報を開示すれば、相手は主体的に行動できます。

事例紹介 オフィスビルのエレベーター、上海の信号機

大都市のおしゃれなオフィスビルのエレベーターには、デザインに凝りすぎて、階数表示などを省略したものがあります。

エレベーターが3基ある。次にどのエレベーターが到着するのかはピコンと光って知らされている。でも、いま何階にとまっているのかはわからない。待ったほうが早いのか、エスカレーターで移動したほうが早いのかが判断できない。

情報が適切に開示されていないから、利用者は主体的に判断をすることができません。エレベーターは現在位置がわかるほうがいい。そうでなければ、利用者

にストレスを与えます。現在位置がわかれば、前向きに移動戦略を立てられます。例えば「まだ20階にいて当分降りてこないから、歩こう」のように。

信号機も同じです。私が中国に駐在していたとき、上海などの信号機には残り時間が表示されていました。赤や青、それぞれの色表示の横に「25」「10」のように残り時間がカウントダウン式で表示されるのです。よってドライバーは「いまここで右折しておこう」「間に合いそうもない。停車しよう」など戦略的な判断をすることができます。この表示方法には賛否両論がありますが（スピード違反を誘発するなど）、私は総じてポジティブに感じていました。

無駄に右左折レーンを混雑させず、ドライバーの主体的かつ戦略的な判断により交通の流動の全体最適を図ることができます。赤の残り時間が表示されていれば、待っている間に、カーナビの行き先変更をしよう、空調の設定を変えようなど待ち時間を有効に活用することもできます。残り時間がわからず、その間に別のことをしていて「いつの間にか青になっていた」では発進を遅らせ、渋滞を悪化させたり、後続車を無駄にイライラさせたり、追突事故などのリスクも高まります。

情報が開示されていればこそ、人は最適な行動を自らの意思でとることができるのです。

CASE 7のポイント

相手のビジネスモデルを理解し、リスペクトする

顧客に忖度しすぎたり、関係者への情報開示が不十分で全体の動きを停滞させる根底には、相手のビジネスモデルへの理解不足があるのではないでしょうか。このケースでは、受注者のビジネスモデルや立場に対する理解と寄り添いがあれば、こじれずにものごとが進んでいくことでしょう。わからなければ、相手に聞けばよいのです。そのための対話も重要です。

相手のビジネスモデルや立場を理解し、「早く意思決定してもらうためにどんな情報が必要なのか」を考える習慣をつければ、忖度はなくなり、適切に情報開示できる

ようになっていきます。

お互いに顔の見えない状態で仕事をしていると、ストレスがたまってしまうものです。相手のビジネスモデルをリスペクトし、情報を伝え合いながら、仕事を進めていきましょう。

CASE 8
チャットを導入しても利用が広がらない

◆チャットツールがあっても、口頭でやりとり

この本では、グループチャットツールの活用を随所でおすすめしています。

グループチャットは情報共有のハードルを大きく下げます。立ち話の内容を投稿しておいて、その場にいなかった人に理解を広げることもできる。日程調整や業務報告もチャットで関係者全員に一斉に伝えれば、情報伝達のタイムラグや不均衡、さらには誤解の余地を減らすこともできます。連絡の行き違いが減り、全員で景色を合わせて動くことができます。

職場でまだチャットツールを使っていない／活用が進んでいない人には、本書を手

にとっていただいたこの機会に、ぜひグループチャットの活用に率先して取り組んでほしいと思います。

一方で、「チャットを導入したけれど、社内で利用が広がらない」なる声も大変よく耳にします。

グループチャットツールが役立つのはわかった。経営層の了承を得てツールを導入した。社内の各部署にチャットの活用を呼びかけた。使い方もわかりやすく周知した。それなのに利用が広がらない。結局みんな口頭や電話、メールで業務連絡をしている。ううむ。どうしたものか？

◆対面でなければ、意図は伝わらない？

チャットの活用が広がらない企業に話を聞くと、現場で次のような意見が出て、仕事の仕方がなかなか切り替わらないと言われます。

「チャットでは意図が正しく伝わらない。やっぱり仕事の連絡は対面じゃないとダメ」

「欠勤の連絡をチャットで済ませようとするのはいかがなものか。電話をかけるか、メールで丁寧に伝えるべきではないか」

「部長は忙しくて、チャットを確認している時間がない。口頭で言わないと話が進まない」


従来のやり方が定着していて、報告・連絡・相談をチャットに切り替えるのが難しい。ツール導入の担当者が「オープンなコミュニケーションをしましょう」と呼びかけても、現場はシーンと静まりかえっている。この種のすれ違いは、さまざまな職場で見られます。

◆チャットに「お作法」を求める人もいる

社員がチャットを使い始めたものの、いろいろな「お作法」が誕生してしまって、コミュニケーションが活性化しないなる悩みもよく聞きます。

例えば、複数名にメンションをつけてチャットを送るときに、職位順に名前を記載しなければいけない。「部長」「課長」「係長」などの職位の記載もれもあってはいけない。さらに文章の「てにをは」にも完璧が求められる。緊急事態だからと考えてスピード優先で情報を共有したのに、「課長と書きなさい」「『を』が抜けている」と指摘が入る。作法が違うと言われ、揚げ足をとられてしまうのです。

これは手紙の文化を、チャットにそのまま当てはめてしまうようなものです。文頭はこう書き出して、時候の挨拶を入れ、末尾はこうまとめる。お相手の名前はここ、自分の名前はここ。すべてを完璧に整えてからでなければ、投稿してはいけない。そういう「お作法」をつくってしまっているのです。

しかしチャットのメリットは早さと広さです。情報を素早く、オープンに伝えられる。お手紙文化に起因する、雅な「お作法」は、その特性を無力化してしまいます。

CASE 8の解決策

トップが率先して新しいツールを使う

⑧共感や関心を示す

チャットツールの利用が広がらないときには、見本・手本を示しましょう。導入の担当者が積極的に使って見せるのもよいですが、より効果的な方法があります。トップが率先して新しいツールを使う。

社長や役員、部門長がチャットを使って、スピーディーかつオープンなコミュニケーションを日常的におこなうようにします。例えば社長が役員に対して、チャットで一言で連絡をする。役員はその投稿にスタンプで返答する。業務連絡が一瞬で終わる様子を、社員に見本として示すのです。

社長「来期の計画、金曜までに提出してください。よろしくお願いします！」
役員「(了解のスタンプ)」

社長に対して役員がコメントを返し、自由闊達に意見交換するところを見せるのもよいでしょう。2人の対話がオープンな場でテンポよく進行する様子を見れば、社員たちはチャットの特性を実感できるのではないでしょうか。

「てにをは」が間違ったり抜けたりしていても気にしない。「間違いがあってはいけない」と考える無謬性神話からの脱却を、トップが率先して見せる。そのような姿勢で、窮屈なコミュニケーション作法から社員たちを正しく解放していきましょう。

事例紹介 チャットで毎朝、雑談を投稿した部門長

「見本を示す」意味で、よい事例を紹介します。

ある企業でチャットツールの利用が広がらず、部門長が悩んでいました。メンバーのチャットへの反応が鈍く、ほとんどの人が投稿もしなかったそうです。そこで部門長は、自分が率先してチャットを使い始めました。

部門長は毎朝1つ、チャットで雑談を投稿したそうです。誰もコメントを書かないツール上で、毎日投稿を続けました。最初のうちは反応もなかったそうですが、書き続けているうちに、スタンプやコメントがつくようになりました。チャ

ットを使う習慣が、チーム内に少しずつ浸透していった。そして1年後には、チームのメンバーもチャットを使うようになったそうです。

その間、部門長がメンバーに「チャットを使いなさい」と強く指示することはありませんでした。それよりも、チャット利用のハードルを下げるように心がけたそうです。だから雑談からスタートした。「この場では気軽にコメントをしてもいいんだよ」と、身をもって示したわけです。

事例紹介 ∨ 社長と役員が質問にチャットで返答

事例をもう1つ紹介します。ある企業では社長と役員が、社員からの質問にチャットで返答する取り組みを実施しました。口頭での質問やメールでの問い合わせに、関係者全員が閲覧できるチャット上で返答する。相手に「チャットで返答します」と伝えた上で、チャットツールに回答を書き込むのです。

社員はまた次の日には口頭で聞いてきます。それでもしつこくチャットで返す。

その会社では、社長と役員が取り組みを継続した結果、チャット利用者の割合が2～3割から8～9割に増えたそうです。

利用者の割合が増えると、様子を見ていた人もチャットツールを使うようになります。別のある大企業では人事担当者が各部署のチャット利用率を会議でしつこく報告し続けています。「この部署では活用が進んでいます」「この部署は遅い」と数値を見せて公表した。そうすると、隣を見て危機感を抱くチームも出てきたそうです。

外部から講師を招いて、社内で学習会を開くのもよいと思います。チャットを使ったコミュニケーションの重要性、具体的な使い方や進め方、他社の事例などを専門家に語ってもらう。それによってチャットを活用したオープンなコミュニケーション風土の醸成を図っていきます。

◆チャットに慣れて、会話が雑になってきたら

チャットの活用を進めている職場において、利用が広がってきたときに起こりやすい、第二の課題も少し紹介しておきます。

報告や連絡、相談のハードルが下がると、コミュニケーションが雑になって、場が荒れる場合があります。例えばチームのメンバーが突然、話の流れとはまったく関係のない内容を思いつきで提案してくる。「その意見にも一理あるけど、いまこの流れで言う？」と聞きたくなるような発言が、フラットに飛び出すようになったりもするのです。

そのようなときは、別の場所での議論を促すとよいでしょう。「あなたの問題意識はわかりました」「有意義な議論だと思うので、こちらのチャンネルに投稿してください」と呼びかけて、その提案にふさわしい場所への移行をすすめます。

チャットツール上に「中長期的な課題を取り扱うチャンネル」があれば、そちらを利用しましょう。チャンネルがなければ、この機会に立ち上げてもよいと思います。

提案者の意図を勘案して、適切な場に誘導する。そちらであらためて提案してもらい、必要性を検討する。そのように対応することによって、提案を真摯に受け止めた形になります。

チャットだけですべてを解決する必要はありません。「次の会議で取り上げましょう。時間を設けるので、プレゼンしてもらっていいですか？」と呼びかけて、口頭でのやりとりに切り替えるのも1つの方法です。コミュニケーションはデザインが肝。ツールを上手く活用しつつ、人の行動や発言が滑らかにメンバー間の連携や課題解決につながっていけるよう、コミュニケーションを設計しましょう。

CASE 8のポイント

コミュニケーションコストへのリスペクト

コミュニケーションにはコストがかかります。一言で済むことを、作法を気にして長々と説明していたら、コストは増大します。自分がコミュニケーションにかける手間。相手にかけている負担。お互いのコストに意識を向け、リスペクトを持って対応しましょう。

意見交換をするのはよいのですが、どんなときにも自分たちのお作法だけで相手を巻き込み、コストをかけさせるのは悪手です。口頭で伝えるか、チャットで伝えるか。どちらがお互いのためになるのかを考え、コミュニケーションコストを見直していきましょう。

CASE 9 一方で、電話の利用はなかなか減らない

◆「電話でアポをとる」のが営業?

「チャットの利用が広がらない」と背中合わせの課題があります。電話の利用がなかなか減らない。従来のやり方からの切り替えが進まない問題です。

例えばテレアポが主流の職場。テレアポが必ずしも悪いとはいいませんが、社員が顧客に何度も電話をかけてアポイントをとろうとしていて、しかし効果が出ない。それはやり方に問題があるといえるのではないでしょうか。「営業はテレアポしてなんぼ」なる考え方が、組織の当たり前になっている。そして、なかば慣習のように電話

を使い続ける。

いまはメールやチャットでコミュニケーションをとる企業もあります。むしろ、そういう企業のほうが増えてきているかもしれない。そのタイプの企業相手には、電話ではむしろ連絡がとりづらい場合もあるでしょう。

そのような企業や担当者相手に、いきなり電話をするのは「失礼」以外の何物でもありません。現に「電話営業お断り」を明示していて、電話をかけてくる企業の製品やサービスの利用はしない企業や部署も存在します。

（ちなみに当社も電話対応はおこなっていません。全員パラレルキャリア、全員フルリモートワークで、働く時間もバラバラですし、私も常に執筆や顧問活動などをしていますから電話に出られない）

自社の常識と他社の常識の間にギャップが生じていて、従来の連絡手段では仕事がうまく回らなくなっている。そのような現場を目にすることがあります。

◆電話は相手の集中力を奪うもの

誰かに電話をかけるのは、自分の都合のよいタイミングで相手に突然話しかける行為です。話し手の都合で、コミュニケーションを始めています。

相手は突然、思考や作業を中断されます。心の準備をしていない状態で、急にその用件について、考えたり判断したりしなければいけなくなる。それでは十分に検討できないかもしれません。また、例えば作業中・運転中に電話がかかってきたら、思わぬミスや事故が誘発される可能性もあります。

かつて、大多数の人が同じ場所に集まり、対面での会話や電話を中心としてコミュニケーションをとっていた時代には、急に電話をかけてもネガティブな反応をされる場面は少なかったでしょう。

しかし先ほども述べた通り、いまはメールやチャットがコミュニケーション手段の主力になりつつある。リモートワークなども普及し、常にその場所に相手がいるとは限らない。そのような組織や人は「電話は緊急時に使うもの」「電話はすでに信頼関係を築いた相手とのみ、事前合意の上で使うもの」と考えていたりもします。

約束した時刻にお取引先の担当者が現れない。事故があったのかもしれない。その場合には相手の携帯電話に電話をかけ、安否を確認します。しかしその後、無事に会って取引ができたら、そのお礼はメールやチャットで伝える。何もかも電話で話すのではなく、さまざまな手段を使い分ける。そのような文化にも慣れていきましょう。

◆電話の使い方が変わりつつある

事前に相手と合意していれば、電話は有効な手段でしょう。「この案件は話したほうが早いですね。明日の11時に電話してもいいですか?」と聞いて、了承を得ておく。メールやチャットを使っている企業では多くの場合、電話やビデオ通話をそのような形で利用しているように感じます。ミーティングと同じような形です。事前に約束した上で実施する。

もしもみなさんのお取引先がそのような環境になっているのなら、その企業に突然電話をかけるのは、アポなしで急に会いにいくようなものかもしれません。約束もしていないのに突然訪問したら、相手は戸惑います。すぐには対応できない。そもそも、関係者が席を外している場合もあるでしょう。

「いきなり電話をかける」やり方はいま、そのような古い仕事のやり方になりつつあります。みなさんの組織はどうでしょうか。お取引先に急に電話をかけて、相手を困らせてしまった経験はありませんか？　もしも心当たりがあるのなら、電話の使い方を見直す機会かもしれません。

CASE 9の解決策

「チャットを使ってよかった」体験を増やす

③褒める／ポジティブフィードバックをする

長い間培ってきたやり方を切り替えるのは簡単ではないと思います。「電話営業」で成果を出してきた人は、その武器を手放すのに抵抗を感じるでしょう。

「もう電話を使うのはやめましょう」

「〇〇さんも、そろそろチャットを使ってください」

このような言い方では、誰も次の一歩を気持ちよく踏み出せません。電話からチャットへの切り替えを進めるためには、「新しいツールを使ってみてよかった」と感じる体験をいかに増やしていくかがポイント。最近のITツールは、人に優しいです。ITツールは怖くない。それを社内のメンバーに経験してもらいましょう。

スマートフォンを初めて手にしたときを思い出してみてください。最初のうちは使い方がわからなかったかもしれません。でも写真や動画を撮ったり、それを家族や友人と一緒に見たりしているうちに、使い方は少しずつ身についていったのではないでしょうか。

それと同じです。チャットを使うと、相手に連絡がつきやすい。アポイントも簡単にとれる。資料の事前共有にも手間がかからない。思わぬ、第三のキーパーソンに情報を共有してもらいやすい、なんならメンション機能1つでその人を巻き込んでくれる。このような、よい経験を積み重ねていきましょう。チャットを使って気持ちよくなる体験を重ねていく。そうすれば、電話からチャットへの切り替えも進みやすくなるはずです。

事例紹介 ∨ 道路整備の現場でiPadの導入に成功！

ツールの切り替え、手段の切り替えに成功した事例を紹介しましょう。

ある道路メンテナンスの企業の例です。その企業は、高速道路のサービスエリアやパーキングエリアの清掃、設備管理などをおこなっています。平均年齢が50歳を超えている、ベテランメンバーの多い企業です。

以前は、清掃やメンテナンスの作業完了報告をすべて手書きでおこなっていました。お客さんの忘れ物を見つけたときには、それも手書きで伝達していました。

しかしそれでは作業効率がよくないという話になり、現場にiPadを導入して、連絡手段をITアプリケーションに変更しました。最初はメンバーから猛反発があったそうです。「新しいITツールなんて使えるわけがない」「パソコンだって使いこなせないのに」。そう言われて、ITツールの担当者はどう答えたか。

担当者「たしかに、最初は大変かもしれません。でもみなさん、銀行のATMでお金をおろしますよね」
メンバー「おろしますよ。孫にお小遣いをあげるときに使います」
担当者「それと同じようなものなんです」
メンバー「えっ？　そうなの？」
担当者「使っていたら、案外簡単にできますよ。私もサポートします」

このように対応したら、メンバーの心のハードルが下がったそうです。そして実際に使い出してみると、現場の業務はかなりスリムになった。

例えばサービスエリアに忘れ物があったときに、以前は「どこどこに黄色のポーチがあった」と電話や文章で事務所に伝えて、その後も問い合わせがあるたびに電話で話しながら該当のものかどうかを調べていました。スタッフ同士で「報告書に黄色のポーチと書いてあるけど、オレンジ色のバッグではないですか？」「どうだろう？　ちょっと実物を確認してきます」といった問答を繰り広げながら対応していたわけです。

ツールを使い始めたら、その作業が簡略化されました。忘れ物の写真を撮って、チャットに投稿しておく。お客様から問い合わせがあったら、オペレーターはその写真を見て回答する。写真のデータには時間や位置の情報も含まれています。データを見れば、いつどこで撮影されたものなのかがわかる。オペレーターはスタッフにいちいち質問しなくても、問い合わせに対応できるようになりました。

伝言ゲームをする必要がなくなり、本来の業務に集中できるようになった。問い合わせ対応の質も、お客様満足度も上がりました。さらには、スタッフが自己効力感を得られるようにもなりました。それによって、ツールの導入が加速したそうです。

CASE 9のポイント

相手の時間の使い方へのリスペクト

作業に集中しているとき、急に話しかけられるのは嫌なものです。ペースが乱れます。一人ひとり、それぞれのペースで時間と集中力を使っています。自分の時間の使い方と、他者の時間の使い方は違う。それぞれを尊重しながらコミュニケーションをとりましょう。

チャットツールを活用すれば、お互いに自分のペースで連絡や報告を上げながら、情報共有できるようになります。最近のＩＴツールは使いやすくできています。ＡＴＭと同じようなものです。過度に怖がらないで、使ってみてほしいと思います。

CASE 10

社内用語・専門用語だけで会話をしている

◆社外の人は社内用語についていけない

企業文化がなかなか変わらない。この問題は言葉遣いにも現れます。歴史ある企業の中には、社内用語・専門用語を使うのが当たり前になっているところがあります。

私は以前NTTデータで働いていましたが、NTT系列の企業では部内会議を「部議」と呼びます。社内用語です。最初に聞いたときは「東京ブギウギ」でも踊るのかと本気で勘違いしていました。転職してきた私には馴染みのない言葉でしたが、社歴が長い方々は当然のように「部議」と言っていました。周囲の方々が用語の意味を教えてくださったので、私は特に困らず会話に入れましたが、最初は戸惑ったものです。

社内用語は、共通理解があるメンバーの間では便利に使えますが、誰にでも伝わるものではありません。いまは社外の人ともオープンにつながる時代になってきています。社内用語の使い方には注意が必要です。便利な言い方だからと思って、悪気なく社内用語を使っていると、話についていけなくなる人が出てしまう可能性があります。

◆専門用語も人によって使い方が違う

専門用語も要注意です。定義が明確な用語はよいのですが、言葉によっては企業ごとに微妙に違う意味合いで使われているものもあります。A社の言っている内容が、B社では違う意味にとられる場合もあるのです。

ある大手鉄鋼商社はM&Aをして他社と合併した直後、2社のカルチャーのすり合わせに時間をかけたといいます。同じ業界なのに、専門用語の使い方が微妙に異なっていた。意味のすり合わせが必要だったのです。その企業では広報が中心になって、専門用語の確認や統一を進めていったそうです。すべての用語を全員がフラットに使えるようになるまでには、2年ほどかかったと聞きました。

CASE 10の解決策

社内用語は必要なときにだけ使う ⑨言葉を選ぶ

ミーティングをする際に、相手と合意形成をした上で社内用語、専門用語を使うのはよいと思います。同じ文化の中でやってきたメンバーだとわかっている場合には、便利な言葉を使ったほうが深い話ができるでしょう。

しかし、先ほども述べた通り、社内用語は馴染みのない人には通じにくい。社内用語を使っていたら、プロジェクトに新しく入ってきた人、特に外部の人は、話についていけなくなるかもしれません。

企業や業界によっては、それが1つの敷居のようになってしまっているところもあります。「社内用語を覚えるまでは一人前ではない」なる暗黙の空気がある。

「話についてこられるようになるまでは、成果なんて出せやしない」

「自分から先輩に食いついて、言葉を覚えろ」
「話が通じるようになるまでは、放っておけばいい」

ベテランがこのような態度で新しく入ってきた人に接する企業があります。年功序列を重視する組織にありがちな態度です。このタイプの組織では、社歴の長い人に権限が集中している（決裁権限だけではなく発言権なども）。ひどい組織では、社内用語を使ってみせて、ベテランが自分たちの権威を誇示するような場面も見られます。悪意を持って（あるいは悪気なく）、新参者にはわからない言葉をわざわざ使っているのです。

しかし、新しく加わった人も情報さえ得られれば、グングンと成長し、早期に成果を出す人もいます。ベテランたちが知らないような知識を持っている若手もいるかもしれない。その意味でも、社内用語や業界用語は合理性はある一方、能力や意欲のある人が活躍するハードルになっているととらえることもできます。

社内用語を使うのを控えて、あるいは用語の意味を正しく伝えて、関係者全員に適切に情報を共有すれば、すべてのメンバーに最高のパフォーマンスを発揮してもらえるはずです。社内用語や専門用語も、必要に応じて使い分けましょう。

◆越境して、一般的な言い方を知っておく（⑥情報を共有する）

1つの企業・1つの業界で長く働いてきた人は、社内用語や専門用語、業界用語を悪気なく常識だと思ってしまっている場合があります。その言葉が通じる相手とだけ仕事をしてきたのであれば、それも仕方がないと思います。しかし近年は企業の枠を超えて仕事が広がる場面もあります。「用語が通じない」と感じる場面が増えている／増えていくのではないでしょうか。

その意味でもすべてのビジネスパーソンに、越境体験をしてほしいと私は考えます。異なる部署の人、他社の人、他の業界の人、職種が異なる人と対話をしたり一緒に仕事をしてみる。それによって社内や業界内でしか伝わらない言葉なのか、それとも外部の人にも伝わる言葉なのかを、体験を通じて理解していくのです。いろいろな人と話してみると、相手と同じ言葉を使っているのに、意味が微妙に異なっている場面も出てくるでしょう。

そのような違和感を通じて、視野を広げていくと、その表現や考え方が一般的なものなのか、あるいは組織特有の方言なのかがわかってきます。誰にでも伝わる言い方が見えてくる。また、わかりやすく言い換えるのが難しい言葉があることにも気づきます。専門用語を使わなければ、伝えられない情報もある。そのような言葉については、用語集をつくって相手と認識を合わせていくのもよいと思います。

◆北欧の海賊も、相手に通じる言葉を使っていた

これは余談になりますが、北欧のスウェーデンには過去に海賊文化があったと知られています。

海賊というと、商船に襲いかかってお金を強奪するようなイメージを思い描く人もいるかもしれません。しかし実際には、海賊は海峡を通る船と交渉し、農作物などを通行料として受け取っていたともいわれています。スウェーデンは寒い地域で、農作物を育てるのには苦労します。そのため、他の地域の船と交渉をしていたのでしょう。

ただ、他地域の人とやりとりをするのに、スウェーデンの言葉を使っていたら話が通じません。そのため、スウェーデンの人々は英語など世に広く流通している言葉を身につけました。時の流れが進み、その後に加工貿易をしたり、移民を受け入れるにも、やはり共通の言葉が必要でした。スウェーデンは人口が少なく、移民を受け入れる必要があったのです。しかし相手に当地の言葉を押しつけていたら、共生は進まない。だからスウェーデンでは多くの人が英語を習得した。私自身、スウェーデンの企業と仕事をしたことがありますが、現地では誰もが英語を話してくれるため、日常生活にも仕事にも不自由な思いをせずに済みました。

CASE 10のポイント
新しく入ってくる人へのリスペクト

日本には、若者が少し新しい言葉を使っただけで目くじらを立てるベテランもいます。しかしそれでは多くの人とコラボレーションできません。スウェーデンの人々のように、さまざまな言葉を柔軟に受け止めて、つながる相手を増やしていきましょう。

自分たちの文化の中に、外から新しく入ってくる人へのリスペクトを持つ。誰もがすぐに参画できる環境を整える。一般的な言い方を意識しながら、社内用語や専門用語、業界用語も必要に応じて正しく使う。使い分けを身につけましょう。

もちろん、若手もベテランに対するリスペクトを持ち、興味関心を持って接したり、相手の言葉を理解しようと努める姿勢も持っておく必要があります。

CASE 11

宴会で若手を叱ってしまう

◆忘年会の出し物にリーダーがダメ出し

次のケースは業務外の話。宴会について。とある大企業の忘年会で、印象的な出来事がありました。

数百人が参加する、盛大な忘年会でした。参加者を楽しませるための仕かけも盛りだくさん。各部署の若手たちが次々にパフォーマンスを披露していきます。一発芸を見せる人たちもいれば、ダンスやコントもあり、ゲストの私たちは歓声を上げ、拍手をしながら見ていました。ところが、パフォーマンスの後に司会者が社長や部門長にコメントを求めると、みなさんネガティブな話を口にするのです。

司会者「部長、いまのコントは何点でしょう？」
部長「○○も△△も恥ずかしがっていていてダメですね。もっと声を張らなきゃ。0点です。後できつく言い聞かせておきます（笑）」
司会者「ありがとうございました！　来年に期待しましょう」

このような調子です。
若手のみなさんは有志で出し物を考え、仕事も忙しい中で練習の時間をつくって、その日に臨んでいたそうです。ゲストに喜んでほしい一心で、素晴らしいパフォーマンスをしていました。それなのにリーダーたちは「ありがとう」「よかったよ」の一言も言わない。これではそのうち、チャレンジする人がいなくなるのではないかと思いました。

◆若手幹事を宴会の最中に叱りつける

日常的な宴会でも、ベテランが若手を叱りつける場面にしばしば出くわします。幹事を任された人が、ベテランから「お前は気がきかない」などと叱責される。そのような場面には2つの問題があります。

1つは相手に対するリスペクトの欠如。その人がチャレンジし、達成した事実には目を向けず、至らなかった面ばかり指摘するのは、相手を一人前として認めない態度です。よかった点こそフィードバックしましょう。

もう1つの問題は、その場の空気を悪くしてしまう点。日頃の仕事をねぎらうため、親交を深めるために宴会を開いているのに、とげとげしいムードを生み出して、参加者が楽しめない状況をつくってしまっています。その状況で、参加者が美味しく食事やお酒を楽しむことができるでしょうか。場に対するリスペクトが不足しています。

◆ネガティブなチェックが習慣化している

宴会で若手にダメ出しするのが習慣化している職場では、日中の仕事でも、ネガティブなフィードバックが当たり前になっている場合があります。

例えば会議で若手がプレゼンテーションをしたときに、ベテランが粗探しをする。

悪かったところを探して、そればかり指摘する。

部長「最初の話が余計だね」
課長「そうですね。途中のグラフもいらないですよ」
部長「もうちょっと内容を整理してから話してくれないかな」

管理職の名のもとに、メンバーの仕事の粗探しやチェックばかりをしている。ミスを洗い出そうとする。管理職個人の問題というよりは、組織の仕組みの問題かもしれません。悪気なく、ダメ出しをしている面もあるのでしょう。

しかし、口を開けば説教、叱責、指摘、批判のスタイルやカルチャーは、メンバー間の信頼関係に壁や溝をつくります。人は、何を話してもネガティブな反応しかしない相手との間には距離を置くようになります。「めんどくさい」「なるべくかかわらないようにしよう」と考える。「こまめに報告を上げよう」「困ったら相談しよう」などと思いません。

CASE 11の解決策

よかったところこそフィードバック

③褒める／ポジティブフィードバックをする

ベテランから見れば、若手の動きに対していろいろと言いたいこともあるかもしれません。しかし若手であっても同じ組織のメンバーであり、努力も工夫もしています。彼ら／彼女たちの出した成果にも目を向けて、ポジティブなフィードバックもおこないましょう。

これは「若手を叱ってはいけない」という話ではありません。いや、厳密にいえば「叱る」行為そのものが相手を未熟者に見る行為であり、相手へのリスペクトを欠いている。叱る発想そのものをあらため、改善のための指摘やアドバイスをするととらえてください。大きなミスがあれば、それはもちろん指摘をしたほうがよいでしょう。

問題点や改善点は指摘しつつも、ポジティブな面も伝えていく。よかったところを言語化する。忙しいのに忘年会を盛り上げるために手をあげ、出し物を準備した。会議の進行のために資料を用意し、プレゼンテーションをおこなった。その行為の中にはポジティブな面もいろいろとあるはずです。それを認めて、言葉にして、相手に伝えましょう。

そもそも、宴会に普段の仕事における上下関係やパワーバランスを持ち込むのはいかがなものか？　目的と照らし合わせて、関係性をリセットして考える発想もほしいところです。

◆「褒める」ではなく「ポジティブフィードバック」を

なお「褒める」行為にも注意が必要です。褒める発想そのものが上から目線であり、褒められることを嫌う人もいれば、上下関係の文化を色濃くしてしまう向きもありま す。また、褒め合う文化も大事ですが、どことなくわざとらしく、よそよそしき、なれ合いのようになってしまう職場もあります。その意味でも、私は「褒める」ではなく「ポジティブフィードバック」をすると強調しています。

普段からポジティブなフィードバックを心がけていれば、相手との間によい関係性ができていきます。いつか厳しい指摘をしなければいけないときがきても、相手はその言葉を真摯に受け止め、改善に努めてくれるでしょう。

◆「PNI」の順番を意識して話す

ポジティブなフィードバックを実践するための、具体的な方法を1つ紹介します。「PNI法」「PNIルール」などと呼ばれる手法です。ユニ・チャームなどの企業で活用されています。すぐに実践できるので、ぜひ試してみてください。

人に物事を伝えるときに、P→N→Iの順番で話すように意識します。Pはポジティブ、Nはネガティブ、Iはインタレストです。

最初にP、ポジティブな点を伝えます。若手があなたに業務改善の提案をしてきたら、まずはよいポイントをフィードバックする。

「その点に目をつけたのは、すごくよいですね」

「みんなも気づいていたかもしれないけど、なかなか口に出せなかったことだと思います」
「核心をついたポイントだと思います」
「それを改善するのは、顧客にとっても非常によいです」

次にN、改善を促したいネガティブな点にも触れます。

「ただ、この点に気をつければ、もっとよくなるのではないでしょうか」
「とはいえ相手の予算の都合もあると思いますので、まずは担当者とよく会話してから提案しましょう」
「いまの状況を考えると、時間が足りない可能性がありますね」
「運用面の課題も整理して提案すると、より実現性が高くなりそうです」

ダメ出しをするというより、再検討が必要な点を具体的に洗い出し、一緒に確認していきます。細部の改善によって全体がもっとよくなる可能性を伝えましょう。

最後にI、インタレストです。相手への興味や関心、期待を伝えます。

「来期には時間ができそうなので、年明けから動いていきましょう」

「目線が上がってきたのはとてもよいことです。ぜひ、このような提案を今後も続けていってください」

「この提案をきっかけにして、前工程にもかかわるよい経験ができそうですね」

よかった点、改善点を示した上で、未来への期待も伝えて話を終わります。このような話し方をすれば、相手が「受け止めてもらえた」「リスペクトされた」と感じて、心地よく仕事に取り組んでいけるのではないでしょうか。メンバーに助言をするときなどに、参考にしてみてください。

CASE 11のポイント

相手とその場に対するリスペクトを意識する

ネガティブかつ上から目線の一方的な説教や批判は、相手を萎縮させ、その場にいる他の人たちを不快にさせてしまいます。「相手」と「その場」へのリスペクトを意識して、フィードバックをおこなうようにしましょう。

ポジティブな面にも目を向ける。言語化する。その上でネガティブな面も正しく伝えていく。最後には相手への期待を一言添えて、次につながる対話にする。例えばPNIを心がけるだけでも、相手との間によい関係性を築くことができるのではないでしょうか。

CASE 12 メンバーが退職するとき、だいたい揉める

◆退職時のプロセスが成熟していない

「仕事のコミュニケーションの問題」というと、業務上の会話や連絡などの伝え方やマナーがなにかと注目されがちです。一方、私は業務プロセスやツールなどの仕組みや仕かけも職場のコミュニケーションひいては人間関係の良し悪しを大きく左右すると感じています。そして、その良し悪しは社員の退職などの一大イベントにおいても如実に表れます。

私が過去に見てきた「きちんとした企業」は、社員が退職を希望して所属長との間で合意形成ができたら、後は人事の手続きが淡々と進むだけ。規定の退職届や退職願のフォーマットに、サインして提出。社会保険の手続きなども、既定のプロセスで進んでいく。手続きで揉めることは基本的にナシ。ところが、退職のプロセスが未成熟な会社においては、退職の合意をした後に何かと揉めることがあります。

◆退職の手続きで無駄に揉める

例えば、退職日の合意形成ができたのに、その後会社から一切音沙汰がないケースがあります。しばらくたって、退職希望者はある日突然、呼び出されます。

マネージャー「退職届を出してください」
退職希望者「わかりました。いつまでに出せばよいでしょう?」
マネージャー「今週中には出してほしい」
退職希望者「フォーマットはありますか?」

マネージャー「特にないです。一般的な形で書いてもらえればよいので」

退職希望者は急展開に戸惑いつつ、インターネットで調べて、それらしい退職届を提出します。ところがマネージャーから「これでは受理できない」と突き返される。「退職願ではなく退職届に」「こういうものは普通手書きで書くのが常識ではないでしょうか。退職を軽々しく考えていませんか？」などと、個人的な常識論や感情論までもが加わり、手続きが無駄に長引き、そして無駄に人間関係がギクシャクする。

◆社員の退職時に馬脚を現す会社もある

また、中には社員の退職時に馬脚を現す会社もあります。退職が決まると、あからさまにその相手に対してリスペクトしなくなる。「この人、もう辞めるから冷たく接してもいいや」と言わんばかりに態度を変える。これには2つの問題があります。

1つは、退職者を追い込んでしまうこと。中には、辞める人に対してハラスメントともとられる言動をする職場もあります。私はそのような組織に「テクニカルファール」（バスケットボールで、スポーツ選手らしからぬ発言や行為をした場合に示されるファール）を言い渡した経験もあります。「社長、その行動や発言はパワーハラスメントですし私も看過できません。次やったら、市場から退場させられますよ」と。不快な思いをした退職者は、その後二度とその企業のファンになることはないでしょう。

もう1つの問題は、在職者への影響です。社員は他の人の退職手続きでのトラブルやいざこざを見て、「自分も辞めるときはあのように扱われるんだ」と感じます。退職手続きが問題なく進む様子を見れば、在職者も安心して働くことができます。反対に、誰かが退職するたびに揉めているような職場では、在職者も不安を感じます。

CASE 12の解決策 ②任せる
揉めやすいからこそ、プロセスを整備して感情を挟む余地を入れない

退職とは、感情面のいざこざやすれ違いが起こりやすい局面です。円満退社する人

にも、ストレスが決してゼロではない。これは送り出す側も、送り出される側も同じです。退職に際して感情を挟むやりとりが増えれば増えるほど、不満が噴出しやすくなり、無用なすれ違いも起こりやすくなります。退職時のプロセスを未成熟なまま放置しておくと、組織としてのコミュニケーションコストが増大する可能性があるわけです。

だからこそ、組織は感情を挟まないプロセスを用意しておく必要があります。いったん所属長と本人が退職の合意形成をしたならば、そこから先はなるべくオペレーショナルな形で、退職手続きを淡々と進める。後は必要書類への記入と提出を進めればよい。それにより、当事者同士が無駄に削り合うような、不幸なトラブルは起こりにくくなります。

49ページで紹介したリスペクティング行動・3つの要素に照らし合わせて考えてみましょう。退職時の「発言」「行動」はどうしてもこじれやすい。しかし「業務プロセス」が整っていれば、問題は起こりにくくなります。

図4　退職時の手続きについて考える

発言
売り言葉に買い言葉で
余計な一言が出やすいが、
接点が減れば衝突も減る
行動
冷淡な行動をとる人もいるが、
手続きがシンプルなら
問題は起こりにくい
業務
プロセス
退職手続きを整備すれば、
発言や行動の荒れを
予防できる

私は以前、ある会社に「退職手続きのフォーマットを用意したほうがよいのではないでしょうか」と提言しました。先方の最初の回答は「退職は重大な手続きなので、通常業務のオペレーションと同列に扱うべきでない」でしたが、私は「重大な手続きだからこそ、フォーマットが必要」と伝えました。

人によって、見ている世界は少しずつ違います。何を常識と考えるのかも微妙に異なります。「退職届」が正しいのか、「退職願」がよいのか、それとも「辞表」と書くのか。そのような細かい点までを個人の判断に任せてしまうと、特に退職のような局面では、お互いの常識観の違いや感情論によるケンカが起こってしまいます。

プロセスさえ整備しておけば、このようないざこざは避けられます。社員もマネージャーも、規定に従って手続きを進めていくだけで、お互いに気持ちよく退職の日を迎えられる。そのような環境をつくっていきましょう。

◆コンプライアンスを徹底するためにも

「退職するかどうか」を話し合って合意できたのなら、エモーショナルな対話はそこで終了。その後は感情を挟む余地をなくしたほうがよいでしょう。そのほうがお互いにヘルシーでいられます。

社員が気持ちよく退職できるプロセスがあれば、余計なトラブルが起こりにくくなる。それは会社にとって、法的なリスクが介在しにくくなります。退職届の書き方をめぐって一悶着あり、マネージャーが社員に高圧的な言動をしてしまったら、場合によっては会社側が一発アウトです。ハラスメントで訴えられたら、それこそ大事（おおごと）になるでしょう。コンプライアンスやガバナンスを徹底するためにも、退職手続きの整備が必要なのです。

退職時のプロセスを成熟させるのは、辞めていく社員や送り出す社員を守る行為でもあり、また会社の無駄なリスクを軽減する行為でもあります。

CASE 12のポイント

退職者をリスペクトし、気持ちよく送り出す

社員の入社時や退職時には、企業側のリテラシーのレベルや社風が表れるものです。ある企業では、5年ほど前に退職した人の復職が決まりました。その人は「他の会社を見たからこそ、この会社のよさに気づいた」と言ったそうです。会社側も「外で学んで戻ってきてくれるのは、ありがたい」と歓迎していました。

人生100年時代。退職者はもはや裏切り者ではありません。企業の未来のパートナーになり得る時代です。辞めていく人にもリスペクトでもって接し、気持ちよく送り出しましょう。

第3章

職場の一体感を奪うマネジメントと解決策

◆チームビルディングがうまくいかないときに

第2章ではコミュニケーションの課題を主に取り扱いました。意思決定した後の情報共有の仕方。日程調整のポイント。報告を受けたときの対応。用語の使い方や、退職時のやりとり。さまざまな場面における、悪気なく相手を不快にする行動とリスペクティング行動を紹介しました。

第3章ではマネジメントの課題に触れます。コミュニケーションと重なる部分もありますが、この章では個別の対話よりも視野を広げて、メンバーの育成、働きやすい職場環境のつくり方などを考えていきましょう。

マネージャーもメンバーもコミュニケーションに気を配って、一生懸命やっている。それでもなぜか、どこか、見ている景色や意識がすれ違ってしまう。職場の環境になんらかの問題・課題があり、個々人の努力が組織としての成果につながりにくくなっている。その状況で、どんなことができるでしょうか。

◆5つの問いでマネジメントのあり方を考えてみよう

第2章に続いて、この章でも最初に5つの質問をします。

社内に、チーム内に、リスペクトを伝え合う関係性をつくっていきたい。ポジティブな一言をかけ合い、うまく回っていく組織にしたい。どのようなマネジメントをおこなえば、チーム全体にそのような変化を起こせるのか。

次の5つの問いを読んで、A・Bどちらの選択肢がよりよいマネジメントにつながるのかを考えてみてください。第2章同様、今回も選択肢は2つです。これ以外の考えが頭に浮かぶ人もいると思いますが、ここではどちらか自分の考え方に近いほうを選んでください。

①依頼内容が正しく伝わらず、手戻りが発生する場合がある。やり方を変えるとしたら?

A　締め切りを早めに設定して、余裕を持って対応する
B　依頼をするときには、必ず要件を相手と一緒に確認する

②誰にも相談せず、一人で仕事を進めてしまうメンバーがいる。どう対処すればよい？

A 「わからなかったら、いつでも聞いて」と伝える

B 自分が率先して「いま、こういう仕事をしている」と伝える

③メンバーにも経営目線を持ってほしいが、目線がなかなか上がらない。何が足りない？

A 経営会議に参加してもらうなど、経営目線を体験できる機会を増やす

B 人の意識はなかなか変わらない。目線の高い人を探したほうがよい

④顧客や上長の理不尽な振る舞いに対して愚痴を言うメンバーがいる。その気持ちをどう受け止める？

A 「そうだね」「怒って当然だと思う」と共感を示す

B 「仕方がない」「仕事ってそういうもの」とおだやかに諭す

⑤社内で紙を使う文化がなかなか変わらない。慣習の切り替えに必要なのは？

A　ひたすらダメ出しする

B　他社の先進的なペーパーレスな仕事の仕方を一緒に学ぶ機会を設ける／チームの何人かで体験する

◆「こういう考え方もある」、1つの回答例

私の回答例は以下の通りです。

これも第2章と同様に、あくまでも1つの例、1つの意見としてとらえてください。マネジメントに絶対的な正解などありません。私自身、状況に応じて異なる選択肢をとることもあります。

回答例

①　B　依頼をするときには、必ず要件を相手と一緒に確認する

②　B　自分が率先して「いま、こういう仕事をしている」と伝える

③ A　経営会議に参加してもらうなど、経営目線を体験できる機会を増やす
④ A　「そうだね」「怒って当然だと思う」と共感を示す
⑤ B　他社の先進的なペーパーレスな仕事の仕方を一緒に学ぶ機会を設ける／チームの何人かで体験する

いかがでしょう。ここから私の回答の意図を紐解いていきます。職場の環境や自身の考えと照らし合わせながら、「私はこう思う」「こうしたほうがよい」と振り返ってみてください。

◆「よりよいマネジメントとは？」を考える

①依頼内容が正しく伝わらないときに、日程に余裕を持たせるのもよいと思います。ですが、私は「指示を出す／指示を受ける」固定的な上下関係から抜け出すほうが、お互いの関係もフラットになり心地よく仕事ができるようになると考えています。そのための方法の1つが「一緒に確認する」。くわしくはCASE13（180ページ）をご

覧ください。

②メンバーが仕事を一人で抱え込みやすいのは、職場に相談しにくい雰囲気があるからなのかもしれません。また、その業務の経験や社歴が浅い人ほど、何がわからないのかがわからない、あるいはどの程度のことを、どこまで聞いてよいのかわからずモジモジしがちです。「わからなかったら聞いて」と言われても解決しない。むしろ、「何がわからないかがわかりません」と言えるような（あるいは誰かが気づいて声をかけ合えるような）、自己開示しやすい雰囲気をつくりましょう。そのためには、マネージャーやリーダーが率先して自己開示をするのもポイントです。CASE15（205ページ）で事例を紹介しています。

③そもそも経営者の立場を経験したことがない人に、経営目線を持てと言っても「そんなご無体な」。いわゆる無理ゲー（クリアするのが難解なゲームのたとえ）です。経営者になることはできなくても、経営会議など経営陣が話し合う場に同席するだけでも、経営目線は持ちやすくなります。その場でおこなわれる議論を見聞きして経営の立場を想像しやすくなったり、経営者の意思決定を疑似体験することも可能でしょう。な

かなか目線が上がらない人がいるのも事実ですが、性急に判断せず、経験を増やせるようにサポートしてみてほしいと思います。CASE17（226ページ）の事例も参考にしてみてください。

④愚痴だらけの職場は問題ですが、とはいえ私たちも人間です。理不尽な対応や振る舞いには、文句の1つも言いたくなるもの。それが仲間うちならなおのことです。ストレスのためすぎも精神衛生上よろしくありません。マネージャーとして正論を語るのも大事ですが、メンバーがほしいのは聖人君子のような説法ではなく、「仲間うちならでは」の共感の一言ではないでしょうか。CASE18（238ページ）で2種類の対応を解説しています。

⑤古い仕事のやり方や慣習に対する違和感。社内では「これが当たり前」と思われていたりするものです。社内のいつものメンバーでは、突破口は見出しにくい。ダメ出ししたら角が立つ。それなら他社の先進的なやり方をみなで学んだり、体験してはいかがでしょう。「このやり方いいね」「当社でも取り入れられないか」、そんな会話

や議論が生まれればしめたもの。誰も傷つけずに、自分たちのやり方を振り返り、前向きな議論にしなやかにつなげていくこともできます。CASE21（262ページ）で仕事をスリム化するための考え方、やり方をお話しします。

◆悲しいすれ違いや手戻りを減らすために

第3章でも、さまざまな事例を紹介していきます。

マネジメントのあり方を見直すと、現場での衝突を大きく減らせる場合があります。依頼の仕方を変えたら、メンバーが「指示待ち」にならず、主体性を発揮するようになった。そのような変化を、実例を交えながら紹介していきます。

組織の中で悲しいすれ違いや、無駄な手戻りが発生するのは嫌なものです。それらを少しでも減らすために、マネジメントの仕方を変えていきましょう。

CASE 13 期待した成果が出てこない

◆依頼内容が通らず、作業のやり直しや手戻りが繰り返される

マネージャーとメンバーのすれ違い。マネージャーの期待する成果が出てこない。メンバーのやっている作業が微妙にずれている。結果としてやり直しになる。「手戻り」が起こってしまうパターンです。

例えば次のような形で話がすれ違い、依頼し直し、作業のやり直しが発生します。

・週初めのミーティング

マネージャー「○○社への提案資料、今週中につくってください」

メンバー「わかりました。木曜日に提出します。ご確認お願いします。修正があれば金曜日に対応します」
マネージャー「了解です。チャットで送っておいてください」

・木曜日のチャット
メンバー「○○社への提案資料を作成しました。ご確認ください。よろしくお願いします」
マネージャー「ありがとう。確認しました。この内容だと、先方からのお問い合わせに回答できていません。認識のすり合わせをしましょう。今日、通話できますか？　○時はどうでしょう？」
メンバー「承知しました。○時からお願いします。お手数おかけして申し訳ありません」

いかがでしょう。みなさんの職場では、このような手戻りは起きていませんか？

マネージャーはきちんと依頼をしたつもりなのに、メンバーにうまく伝わっていない。結果として、もう一度依頼をするはめに。1回で済むはずの依頼、1回で済むはずの作業が、二度、三度かかる。

◆「指示しかしていない」が問題

手戻りの発生にはさまざまな要因がありますが、この例の場合、依頼の仕方に改善の余地があるかもしれません。

マネージャーはメンバーに作業の依頼をしています。しかし、指示しかしていません。仕事の背景や目的などを説明せず、指示だけをしている。それでは、メンバーが本来の目的と異なる方向に作業を進める可能性があります。「なんのための提案資料か」がわかっているかどうかで、作業の内容や質は変わります。

単純な指示で必要事項がすべて伝わるのなら、それでもよいでしょう。定期業務で、目的などはすでに共有できている場合もあります。また、背景などを考えなくても十分に進められる仕事もあると思います。

しかし、手戻りが発生するとしたら、背景や目的などを丁寧に説明したほうがよいでしょう。マネージャーは仕事の依頼の仕方を、メンバーは受け方をそれぞれ見直しましょう。

◆「指示だけマネジメント」は「指示待ち人間」を生む

簡素な指示があってもよいのですが、注意が必要です。「作業を指示するだけ」のマネジメントには、相手を「作業者」扱いする危険性があります。「あなたはこの作業だけ、やっておいてください」なる一方的なメッセージになりかねない。その裏には「あなたは細かいところまで考えなくてよいので」の意図が見え隠れします。依頼する本人にそのつもりがなくても、それが繰り返されるうちにマネージャーとメンバーの関係が、指示者と作業者の関係性になってしまうのです。

そのような関係性になると、メンバーは「やらされ感」を募らせます。お互いに悪気はないのに、結果として「やっつけ仕事」で対応されたりもする。さらに、そのやりとりを見ているメンバーたちにも下請けマインドが醸成され、「自分たちは指示を受けて作業をすればいい」態度になっていく。こうして、「指示待ち人間」が量産されてしまいます。

CASE 13の解決策

「仕事の5つの要素」を一緒に確認する

⑤相談する／頼る　⑥情報を共有する

では、どうすればよいのか。

私は、仕事を依頼するとき（依頼者側）／受けるとき（受け側）、『仕事の5つの要素』でもって要件を一緒に確認しましょう。依頼内容の抜けもれやズレを補正しましょう」とお話ししています。この考え方を経営方針に取り入れ、全社で実践している企業もあります。誰でもすぐに活用できる方法です。みなさんもぜひ試してみてください。

仕事の5つの要素とは、こちらです。

図5　仕事の5つの要素

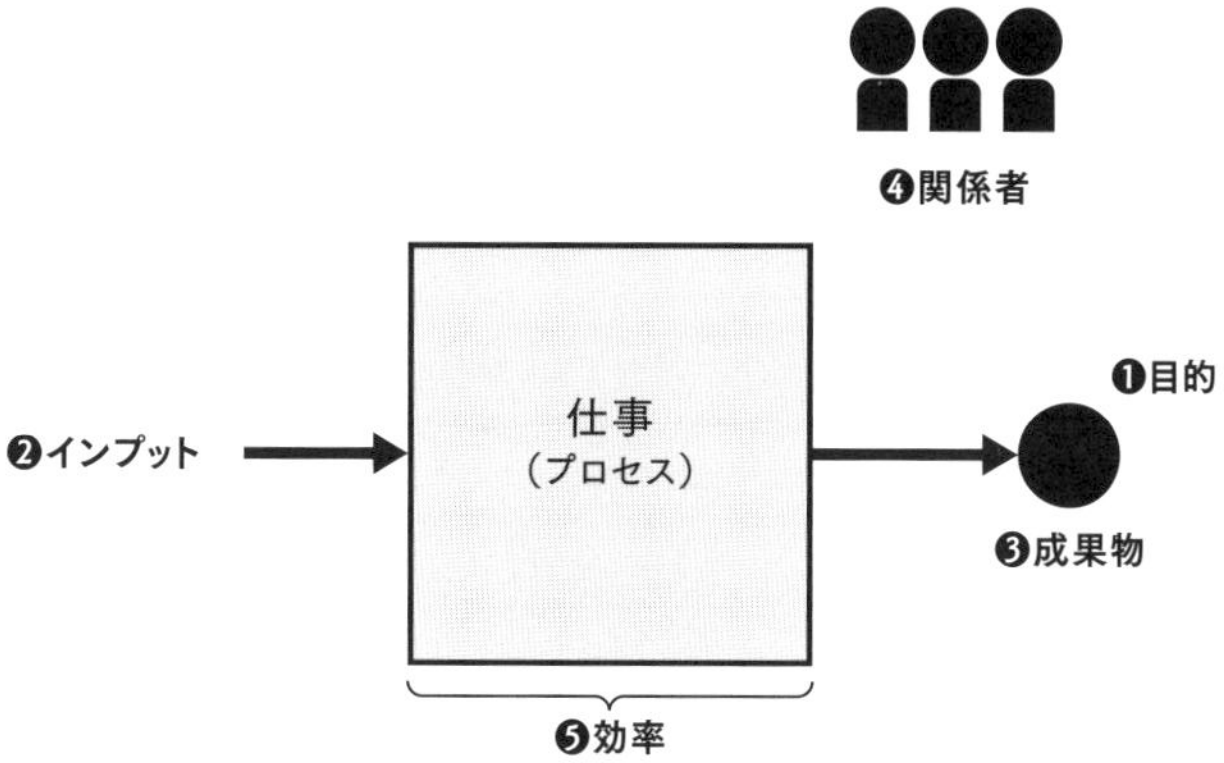

仕事を頼むときや受けるときには、この図を指さしながら、背景や目的を一緒に確認していきます。マネージャーは案件の目的や関係者などを伝える。メンバーは不明点があれば質問する。この図を使って、仕事の景色を合わせるわけです。

この図は新たな仕事をスタートするときだけではなく、すでに着手済の仕事でズレや違和感を覚えたときにも使えます。「目的や成果をあらためて確認したいです」と声を挙げ、図を見ながらミーティングをする。こうして認識ズレや、当初の前提との変化がないかなどお互いに確認しながら仕事を進めれば、悲しいすれ違いや回り道はなくなります。

◆5つの要素は、からみ合っている

5つの要素を説明していきましょう。

仕事とは、①目的に向け、②インプット、つまり参考情報やデータ、原材料などをもとにして、③成果物を生み出す行為です。その行為には④関係者が存在します。そして⑤効率が求められる（あるいは目標となる期限や歩留まりなどがあったほうがよい）。この5点を確認しながら作業を進めれば、業務の方向性が大きくズレてしまう可能性は減ります。

インプットは足りているのか。足りないデータがあれば、関係者に問い合わせて提供してもらう必要があります。なんのための仕事（①目的）、誰のための仕事（④関係者）を考えると、不足しているインプットが見えてくる場合もある。5つの要素はからみ合っています。だからこそ、図式化して全体像を見ながら話し合ってほしいです。

必要な成果物を考えるときにも、目的や関係者の確認が欠かせません。なんのため、誰のための成果物なのか。それらを踏まえて作業の完了状態を考えます。

場合によっては、外部の人も巻き込まなければいけない。インプットや目的、成果物に関連して、関係者が増えていくときもあります。

とはいえその仕事に使う時間は限られています。すなわち、効率を意識したい。期限はいつか？　3日かけてよい仕事なのか、それとも1日~2日で済ませなければいけないのか。手戻りが発生する可能性はあるのか。回を重ねれば業務効率化できる仕事なのか。

図を活用すると、仕事にまつわるさまざまな疑問、懸念を整理できるようになっていきます。ぜひ試してみてください。

◆「悲しいすれ違い」がなくなる

図を見ながら5つの要素を話し合い、決定事項を書き出していくと、見落としがちだった点も気づきやすくなります。また、お互いの認識のズレを補正できる。「言わなくてもわかるだろう」と考えて、確認しないで作業を進めて後で手戻り、振り出しに戻る。そのような悲しい景色をなくすことができます。

◆フラットな関係を築きやすくなる

マネージャーがメンバーに指示だけを出すマネジメントは、チーム内に下請け関係を築いてしまいがちです。「5つの要素」の図を使って、一緒に景色を合わせる経験を積み重ねれば、マネージャーとメンバーの関係がフラットになっていきます。

1つの図を見ながら「成果物はこうしたほうがいいのでは」と対等な話し合いを進めていくと、お互いの関係性が変化します。「同じゴールを目指して、成果を共につくっていく」仲間意識が芽生え、相手との関係がフラットになっていきます。

図の活用に慣れてくると、日常的なコミュニケーションでも、メンバーが息を吐くように自然に「この仕事に必要なインプットってありますか?」と質問するようになったりします。マネージャーも「このデータ、渡しておくね」と、前のめりで情報を共有できるようになります。

図6　関係性の変化

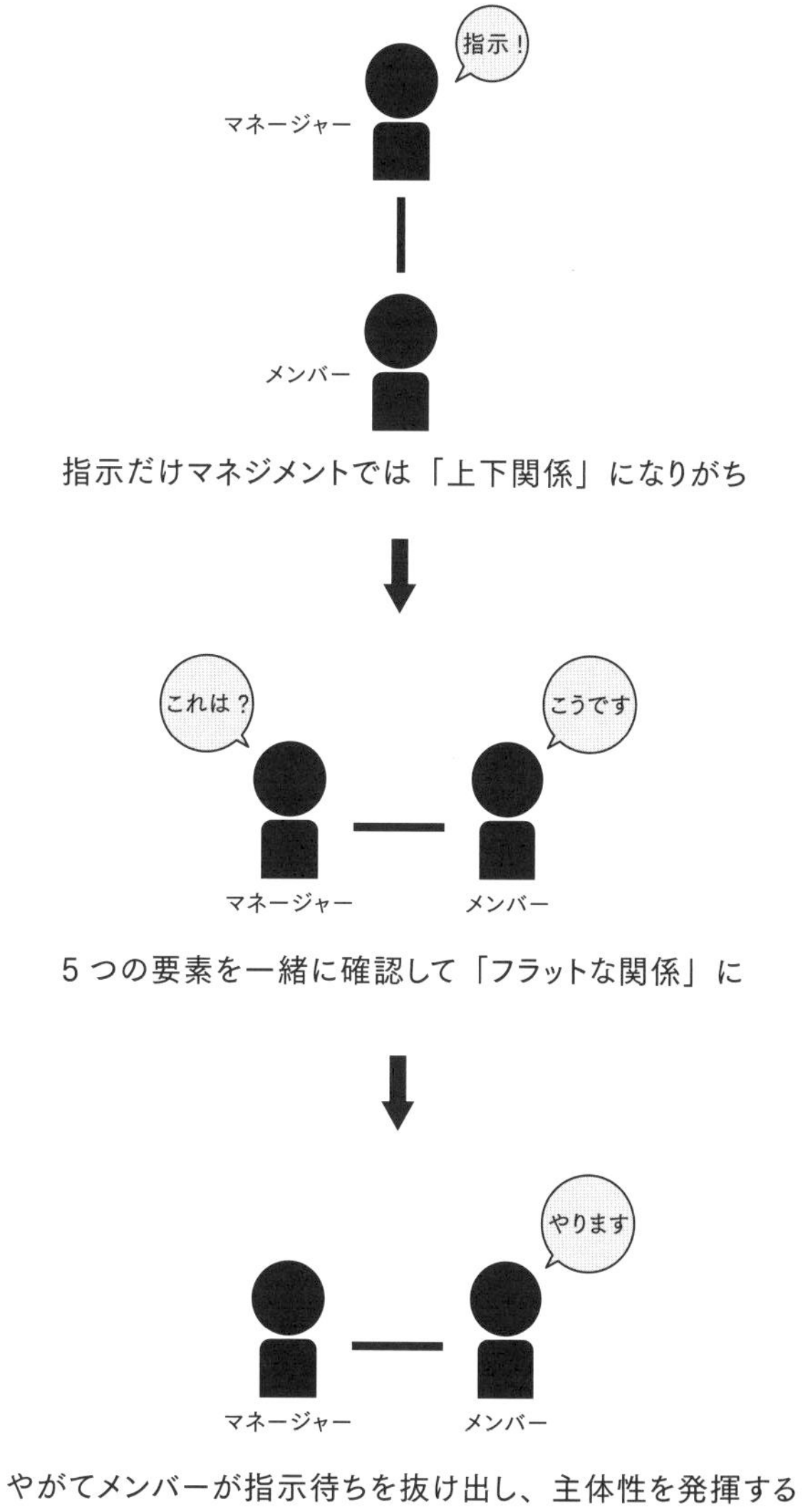
指示！
マネージャー
メンバー
指示だけマネジメントでは「上下関係」になりがち
これは？
こうです
マネージャー
メンバー
5つの要素を一緒に確認して「フラットな関係」に
やります
マネージャー
メンバー
やがてメンバーが指示待ちを抜け出し、主体性を発揮するこれはチームのマネージャーとメンバーのみならず、部署間、あるいはお取引先や顧客など社外の人と仕事を進める上でも有効です。フラットな関係で、お互いをリスペクトしながら気持ちよく仕事を進めていきたいものです。

◆メンバーが「指示待ち」にならず、主体性を持つ

「5つの要素」を使って仕事の全体像を確認する習慣がつくと、チームにはさまざまな変化が起こります。例えば、メンバーが次の工程をイメージし、先回りして行動するような場面も出てきます。

「この資料って、課長が確認するだけではなくて、お客様もご覧になるものですよね」
「であれば、こういうデータも入れたほうがお客様にとって親切だと思います」
「○○さんに相談して、最新の数字を提供してもらいます」

このように、メンバーが「指示待ち」から抜け出し、主体性を発揮して前向きなア

クションをとれるようになる場合があります。

◆多忙な管理職こそ、5つの要素でコミュニケーションする習慣を

マネージャーやリーダーの中には、メンバーからの相談に答える仕事が多くて、自分自身の仕事になかなか取り組めないという人もいるでしょう。「自分の仕事に着手できるのは、いつも夕方になってから」。そんな管理職もいるのではないでしょうか。そのような多忙な人にこそ、5つの要素でメンバーとコミュニケーションしてほしいと思います。

仕事を5つの要素に分解しながら確認する習慣をつけると、メンバーの頭の中にインプットや目的、成果物などのバリエーションやノウハウが蓄積します。そうすると、細かな指示を受けなくても、目的や成果物のパターンなどを想定できるようになる。メンバーのほうから「今回の仕事の目的から想定するに、こんな成果物イメージでよいでしょうか?」と、先回りした提案が出てくるようになります。

マネージャーやリーダーはそこに差分や自分の考えを載せていく。この繰り返しで、無駄なコミュニケーションコストを減らしつつ、仕事のスピードも質も高めていくことができます。

◆メンバーが成功も失敗も共有できるように

マネージャーとメンバーとの関係がフラットになり、メンバーの主体的な行動が習慣化すると、小さな成功も失敗も、タイムリーに情報共有されるようになっていきます。ミスが早く報告されるため、マネージャーはチーム内に問題が起こったとき、すぐに対処できます。

あるいはマネージャーが不在でも、メンバー同士が自律的に連携して解決できるようになります。景色を合わせて仕事を進める習慣は、組織のリスクマネジメントにもつながるのです。

それとは反対に完全な上下関係で、マネージャーがいつもメンバーに対して高圧的な態度をとっていたとしたら、メンバーは失敗を言い出しにくくなります。「間違えました」と報告したら、猛烈に怒られてしまう。それではメンバーもミスを隠そうとするでしょう。

私も若い頃、高圧的なマネージャーの下で仕事をしていた時期がありました。当時は弱みを見せたくないと思っていました。少しでも落ち度を見せようものなら、苛烈な叱責を受ける。あるいはバカにされる。よって、ちょっとしたミスは自分で処理したり、関係者に「ここだけの話にして！」と口裏を合わせてなかったことにした経験もあります。

「問題を表面化させたくない」動機づけが働いてしまっていたのです。上下関係の文化、失敗を許さない文化では、成功しか報告されなくなる。それは危険な状態です。

チーム内にフラットな関係が生まれれば、成功も失敗も共有されるようになる。ミスをしても共有できる環境にいれば、メンバーは安心してさまざまな仕事にチャレンジできる。

イノベーターはよく言います。成功は多産多死の延長線上にある。たくさん挑戦して、小さな成功や失敗を積み重ねていった先に、大成功するチャンスがある。健全にチャレンジを続けるためには、失敗を許容する文化が欠かせないのです。イノベーションを生み出すためにも、マネージャーはメンバーとの間にフラットな関係を築いていきましょう。

CASE 13のポイント

メンバーを作業者ではなくプロとして見る

このケースのポイントは広義に述べれば、相手や相手の仕事に対するリスペクトを持てるかどうかです。1つひとつの仕事をリスペクトし、丁寧に情報共有する。メンバーを「作業者」あるいは「未熟者」扱いせず、一人のプロとして接する姿勢でもあります。

指示ではなく依頼する相手をプロとしてリスペクトしているからこそ、インプットや目的などを積極的に開示し、なおかつ一緒に確認する。フラットな関係を築き、お互いに一人のプロとして力を尽くす。そのようなマネジメントやコミュニケーションを心がけると、メンバーが主体性や創造性を発揮しやすくなります。

繰り返しになりますが、それはチーム内のメンバーに対してのみならず、上長、他部署の人たち、お取引先や顧客などに対しても当てはまります。

なぜ、相手の目線が上がらないのか？　それはあなたが相手の目線を下げさせているからかもしれません。

なぜ、相手が受け身なのか？　それはあなたが相手を下請け扱いしているからかもしれません。

なぜ、相手は報告しないのか？　それはあなたが相手を委縮させているからかもしれません。

CASE 14 マネージャーとメンバーの考えが一致しない

◆メンバーが大胆な提案をしてきたら

会議で自由に意見を出してもらうと、若手から大胆な提案が飛び出してくるときがあります。

若手メンバー「この業界にも販路を広げられるのでは」
マネージャー「それはそうなんだけどね」
若手メンバー「5年後、10年後を考えたら、いま動き始めたほうがいいと思うんです」

マネージャー「言いたいことはわかります」
若手メンバー「やりましょうよ。私、セールスシートをつくってみてもいいですか？」

メンバーが新しいアイデアや仕事の進め方を提案した。しかしマネージャーの反応は鈍い。いま動かしている仕事も進めながら、新しいアクションも始めるとなると、リソースの管理は難しくなるでしょう。管理職の腰が重くなるのもわかります。

マネージャーも「余裕があればやりたい」と考えているかもしれません。しかしマネジメントをする立場では、チームの状況を見ながら冷静な判断をしなければいけない。「やったほうがよい」とわかっていても、なかなかすぐには手をつけられない仕事もあります。

管理職はメンバーからの前向きな提案を、退けなければいけないときもある。これもマネジメントも難しさです。このようなケースで、マネージャーやリーダーはどのように対応すればよいでしょう？

◆「あなたの仕事じゃない」と言ってしまいがち

若手メンバーが大胆なアイデアを口にしたとき、その内容が非現実的だった場合には、マネージャーやリーダーがピシャッと封殺してしまう場合があります。

若手メンバー「私、セールスシートをつくってみてもいいですか？」
マネージャー「いや、それはあなたの仕事じゃない」
若手メンバー「はい、すみません」
マネージャー「それは、うちの部署だけでは決められないよね？」
若手メンバー「失礼しました」

「あなたの仕事じゃない」「うちの部署だけでは決められない」。たしかにそうかもしれません。しかし、そう言われてメンバーはどう感じるでしょう。善意を持って、勇気を出して提案をしたとしても、無下に断られてしまうのだと思うのではないでしょうか。残るのは無力感だけ。次にまた何か思いついたとしても、提案できなくなってしまいそうです。

CASE 14の解決策

無下に断らず、丁寧に説明する

⑨言葉を選ぶ

「あなたの仕事じゃない」「そんな提案は採用できない」と思ったとしても、そのまま伝えたのでは、相手のモチベーションを下げてしまう。だとしたら、どのような言葉で伝えるのがよいでしょう？

2つのアプローチが考えられます。

1つは、マネージャーとしての判断と背景を丁寧に説明する。提案の内容は理解できる。しかしいまはこういう事情があって、すぐには実現できない。だからマネージャーとしての判断を優先させてほしい。そのように伝えれば、相手も納得できるのではないでしょうか。

すぐに採用できないからといって無下に断るのではなく、「どうして前向きな提案なのに実践できないのか」、その背景を丁寧に説明しましょう。

◆日頃からポジティブフィードバックをする

③褒める／ポジティブフィードバックをする

もう1つは、日頃からチームのメンバーに対してポジティブなフィードバックをする。提案をしてくれたら、その行動に対して感謝する。日々の仕事の中でも、よかった点を言語化して伝える。そのようなコミュニケーションを日常的に積み重ねていきましょう。

毎日のやりとりで信頼関係を築いていれば、提案を退けるにしてもそれだけでメンバーが意欲を失ったり関係が悪くなることはないでしょう。メンバーも「今回は仕方がない」「マネージャーの事情もよくわかった」「でも提案の意図は理解してもらえた」と受け止めて、また次の機会に向けて歩み出してくれるのではないでしょうか。

事例紹介 ∨「ポリシーを曲げてくれて、ありがとう」

これは私自身の体験談です。NTTデータで、課長代理のポジションで仕事をしていたときのこと。

当時の私のマネージャーであった部長は、私にさまざまな仕事を任せてくれました。私は担当する仕事を、基本的に自分の判断で動かすことができていました。私がプランを立てると部長が協力して、道筋をつくってくれ、相談に乗ってくれることも。二人三脚で新規事業を力強く進めていった。とてもよい関係だったと思います。

それでもときにはお互いの考えが異なる場面もありました。あるとき、部長が進めたい方向と、私の考えが衝突してしまった。通常の統制型組織であれば、マネージャーが「ここは自分が判断します」「あなたの考えは聞いていません」と言って押し切ることもできます。

しかし部長は私にこう声をかけてくれました。「こういう事情があるから、私の判断を優先させてほしい」。丁寧な説明を受けて、私は心地よく「わかりました」

と言うことができました。さらにその後、部長からメールが届きました。その一言に私の心は震えました。

「ポリシーを曲げてくれて、ありがとう」

まず嬉しかったのが「ありがとう」のメッセージ。メンバーがマネージャーに考えを合わせるのは、企業組織の論理からすればある意味で当然。その行為に対して「ありがとう」と言ってくれた。

そして、何よりも「ポリシー」の一言。この言葉で私は救われました。部長からのメールを見て、私は「そうだ。そうなんだ。僕は自分なりのポリシーを持ってこの仕事に向き合っているんだ」と実感することができました。部長による「ポリシー」の一言で、自分が誇りを持ってその仕事をしていることにあらためて気づくことができました。ポリシーを持って仕事をしている。その姿を、部長が評価してくれた。その事実がただ嬉しく、そこから部長とさらによい仕事をすることができました。

◆組織や人に対するエンゲージメントが高まる

私はその部長を心から尊敬しています。いまでもたびたび連絡して、相談に乗ってもらったりしています。いまは私も一人の経営者。ときに部長からの相談に、喜んでお答えすることもあります。何を置いてもコミュニケーションをしたいと思う相手の一人です。私にとっての「永遠の上司」だと思っています。

そのような素晴らしい経験をさせてくれたNTTデータグループ（はもとよりNTTグループ）は、私はいまでも大好きです。私は組織変革の専門家であり、一専門家として強い指摘をすることもありますが、それは世の中にとってよりよい組織になってほしいからでもあり、率直な意見を言える意味でも、フラットなよい関係を築けているのではないかと思います。NTTデータグループのみなさんとはいまなお仕事でもプライベートでも、さまざまなお付き合いがあります。私にとって、強い愛着のある組織の1つです。

私が当時の部長とNTTデータグループおよびNTTグループに対していまでも尊

敬や愛着を感じているように、相手をリスペクトした丁寧なコミュニケーションやマネジメントは、相手の組織や人に対するエンゲージメントを高めます。

メンバーからの意見や提案を頭ごなしに否定せず、まずは受け止める。すぐに採用できないとしても、その事情を丁寧に説明する。そのような対話を心がけているマネージャー、丁寧な対話が習慣化している組織は、人をひきつけます。

CASE 14のポイント

個々人のポリシーをリスペクトする

メンバーの意見や提案には、その人の思いがこもっています。経営方針やマネージャーの考えと一致しないからといって、頭ごなしに否定するような対応はやめましょう。一人ひとりがポリシーを持って働いている。それぞれの考えをリスペクトしましょう。マネージャーがメンバーの声に耳を傾け、意見や提案に丁寧に対応する。その積み重ねがオープンなコミュニケーションを促進し、メンバーの組織に対するエンゲージメントを高めます。

CASE 15 誰がどんな仕事をしているのかわからない

◆誰が「くわしい人」なのかがわからない

社内のリソースをうまく活用できない。そのような悩みも、よく聞きます。例えば新規プロジェクトを立ち上げたときに、どの部署の誰とどう連携すればスムーズに動いていけるのかがわからない。

マネージャー「新規顧客を獲得するために、オンラインイベントを開催します。企画と運営を担当してください」

メンバー「わかりました」

マネージャー「初めてだから大変だと思うけど、イベント企画のノウハウを調べてみてください。わからなければ、くわしい人に聞いて」

メンバー「やってみます」

新規プロジェクトが走り出します。担当者はマネージャーや周囲の社員に相談しながら作業を進めていきます。不明点が出てきたら誰かに相談するわけですが、そのとき、誰が「くわしい人」なのかがわからない。そのような相談先迷子になるケースもあるでしょう。

◆仕事が終わってから、情報が集まってくる

担当者は手探りでイベントの準備をするわけですが、やみくもに突っ走ってこけてしまう場合もある。例えば他部署との連携不足で、後になってトラブルが起きる。

他部署A「先日のイベントに○○社が参加したそうですけど、あそこは既存顧客で

すよ。うちの部署のお客様です。うちとそちらの部署で話している内容が違うって、クレームが届いています。勝手なアプローチはしないでほしい」

他部署B「イベントの際、お客様に注意事項は説明しましたか？　オンラインイベントは録画されてしまうリスクがあるので、所定の手続きが必要になります。開催前に一言ほしかったです。今後はこちらの承認なしにイベントを開催しないでください」

他にも、開催した後に、もっと効果的なやり方がわかるパターンもあります。

他部署C「オンラインイベントをやったんですね。言ってくれればよかったのに。私、前職でイベントの立ち上げを担当していたんです。私が入れば1週間くらいでできたと思います。今度は声をかけてください。オンラインでは、例えばこんなこともできます……」

社内にリソースがあったのに、その存在に気づかなかった。もっと早く気づいてい

れば、と後悔してしまいます。

◆「リソースのありか」が見えていない

これは、組織の「リソースのありか」が見えていないときに起きる問題です。社内の誰がオンラインイベントに関する知識や能力、経験、意欲を持っているのかがわからない。「イベント開催」をするために、誰にどう相談して進めたらよいのかも不明。だから担当者が一人で仕事を抱え込み、適切な答えを出せなくて、突っ走っていって、無駄に転んでしまう。これは担当者個人の問題ではなく、組織の仕組みやプロセスの問題です。

リソースのありかが見えていない組織では、3つの問題が起こりやすくなります。

1つ目は「誰がどのような仕事をしているのかがわからない」問題。役割分担が不明確。メンバーが「自分はどこからどこまでを担当すればよいのだろうか」と悩む。

複数名が同じ作業を重複しておこなうような無駄も発生しがち。

2つ目は「誰に相談すればよいのかがわからない」問題。社内にオンラインイベントのエキスパートがいるかもしれない。でも全員に聞いて回らないとわからない。

そして3つ目が「進捗状況が見えない」問題。「○○社との間には他部署ですでに取引がある」「オンラインイベント開催時には注意事項の説明が必要」といった、社内のさまざまな動きが見えてこない。「新規顧客の獲得」という観点で社内を見渡したときに、誰がどのようなボールを持っているのかがわからない。部署間の悪気ない軋轢が生じやすくなります。

CASE 15の解決策

仕事の全体像は「聞かなきゃわからない」

このケースの解決策の基本は「言わなきゃわからない」「聞かなきゃわからない」。チームの中にこもっていたら、わかり合えない。お互いが自己開示しないと、理解は広がりません。

職場に着任した初日の出来事を思い浮かべてください。新卒社員として初めて出社した日。転職して、新しい職場で働き始めた初日。みなさんはどうしたでしょうか。勤務初日は、チームにどのような案件が走っていて、誰が担当しているのかがわかりませんよね。おそらくみなさんは同僚に話を聞いたり、周囲の様子を観察したり、部内の資料やマニュアルを読んだりしたのではないでしょうか。最近ではチャットツールを使っている企業もありますから、チャットで過去のやりとりをさかのぼって、業務の流れを把握した人もいるかもしれません。

仕事の全体像が見えないときには、人は手探りで情報を求めます。しかし、先輩の背中を見ているだけではチームの全貌、企業の姿は見えてこない。やはり自分から情報を求めにいかなければいけません。日頃から周囲の人に気軽に相談し、雑談し、情報を集める必要があります。

◆トップが率先して自己開示をする

④自己開示する

とはいえ、これまでコミュニケーションが少なかった企業で、急に相談や雑談、自己開示を増やすのは難しい。私はそのような組織に『お互いの知識や経験、能力をさりげなく知れる機会』をつくりましょう」とお話しています。そのための方法は2つ。

1つ目の方法は、マネージャーやリーダーが率先して自己開示する。

私は過去にさまざまな企業で働きましたが、グローバル企業では部門長がほぼ例外なく、自己紹介用のスライドを用意していました。これまでの経歴、手がけてきた具体的な仕事、人間関係などをスライドにまとめて、いつでも人に見せられるようにしているのです。初対面の人にはそれを使って自己紹介をしていました。人によっては家族構成や趣味なども、写真を見せながら話していました。その内容を社内のブログに公開して、誰でもいつでも閲覧できるようにしていた人もいます。

「私はこういう人間です」。トップが率先して見せている。部門長が自分をオープンにしていると、周囲の人も自己開示しやすくなります。メンバーが「この組織では自分の話をしていいんだ」「趣味の話もしていいんだな」という気持ちになる。結果として、チーム内のコミュニケーションが活発になっていく。ただし、自己開示の強要は禁物です。この点は後述します。

◆自己開示しやすい場所をつくっていく

2つ目の方法は環境づくりです。自己開示しやすい場所をつくっていく。例えば休憩室のようなところで雑談をする。社内におしゃべりしやすいスペースがあると、自己開示は広がりやすくなります。オンラインでも、例えばチャットで社内の他部署の人や社外の人ともつながれば、そこで雑談が起こりやすくなります。

チャットに「自己紹介チャンネル」をつくるのもよいと思います。新しく加入した人が名前や過去に手がけてきた仕事、いまのポジションで実現したい目標などを投稿する。人は人に興味を持つ生き物ですから、そのようなコメントを目にしたら、投稿者の人となりや仕事に心を寄せるでしょう。仕事の合間に自己紹介を見て、その人を理解してからミーティングに臨む。その小さな変化によって、相手との関係性は変わっていきます。

メールのやりとりは基本的に個人対個人ですが、チャット上に情報を蓄積していくと、多くの人が情報を目にするようになります。メールで連絡していたときには、隣の課が何をしているのかはわからなかった。でもチャットで情報を公開したら、隣の課の進捗状況も困りごとも見えるようになった。

チャットで情報発信しやすい環境をつくると、自己開示をしやすくなるだけではなく、社内で困っている人がいるときに、助け舟を出しやすくなる。助け合いが広がっていきます。

チャットを見れば、組織の中で誰が何をいつ、どこでやっているのかがわかる。中心人物は誰なのか。誰がボールを持っているのか。それがわかる環境になっていけば、オンラインイベントを開催するとき、誰に何を聞けばよいかも一目瞭然です。

◆ただし、自己開示を強制してはいけない

自己開示しやすい流れや環境をつくるのはよい方法です。しかし、全員に自己開示を強制してはいけません。その点には注意しましょう。

よくあるのが、「今度プレゼンの場を設けるので、私と同じようにこれまでの経歴、現在の担当業務、家族構成、趣味などをみなさんも発表してください」と呼びかけてしまうパターン。メンバーによっては重荷に感じてしまうかもしれません。

メンバーの中には、過去の仕事を振り返りたくない人もいるかもしれません。例えば、前職で心が折れるような経験をしていて、その頃の話をするのはつらい人もいます。以前の上司の話がトラウマになっている。思い出したくもない。

また、プライベートまで詮索されたくないと思っている人もいます。趣味を大切にしていて、その話を安易に打ち明けたくない。いらぬ誤解を招くリスクがあり、できれば話したくない。それも1つの選択です。

人によって、組織や仕事へのかかわり方は異なります。それぞれの姿勢を尊重しなければ、相手を無駄に傷つけてしまう可能性があります。

気軽に自己開示できる環境が整っていくのは、望ましい変化です。そのような環境では相互理解が広がりやすくなります。しかし全員に自己開示を強要したり、開示する情報を指定すれば、逆効果になります。何を開示するかは、それぞれが自分で判断する。強制はNGです。マネジメントとして必要なのは「この組織では、ここまで自己開示をしても大丈夫なんだ」という安心感をつくっていく意識。ポイントは安心です。

事例紹介 ∨ 社内の読書会で、メンターに出会う

ある企業ではメンバー同士の相互理解を促進する取り組みとして、社内で読書会を開催しています。一冊の本を課題図書として、その本の感想を話し合います。どこに共感したか、日々の仕事に取り入れられる要素はあるか。さまざまな部署から集まった人たちが、自由に議論を交わします。会によって、メンバーの人となりが見えやすくなったそうです。最近ではオンラインで実施している企業も。テレワークの人、地方事業所に勤務する人も参加しやすく、本社と事業所間の交流の意義も生まれてきました。

本はその人となりを示しますし、一冊の本を通じて各々の興味や関心のポイン

トを知ることもできます。その読書会では、新入社員と他部署の部門長が同じ項目の話で盛り上がって、部署や階層を超えたつながりができたそうです。相談しやすい関係が生まれて、その部門長は新入社員にとって、メンターのような存在になりました。チームのマネージャー以外にも、相談できる相手ができた。視野が広がり、他部署の仕事への関心や理解も高まったそうです。

雑談がきっかけで仕事が進むケースも、案外多いものです。チャットや休憩室や読書会などで話していた内容が、ふとしたときに思い浮かんでくる。何ヶ月か過ぎて困りごとが発生したときに、「そういえば誰々がこのテーマに関心を持っているって言っていたな」と思い出す。そこで当人に声をかけてみると話が大きく前に進んで、課題が解決する。雑談を通じて自己開示するプロセスには、そのような効果も期待できます。

◆ワーケーションで心を開きながら語り合う

チャットや休憩室で雑談したり、オンラインの読書会で話したりするのもよいのですが、オフィスの延長線上の場所では自己開示が起こりにくい場合もあります。どうしても、日頃の会議の続きのような会話になってしまう。その場合には年に1回くらい、場所を変えてワーケーションを試してみてはいかがでしょうか。

例えば年度の終わりに郊外のホテルを借りて、みんなで普段着で集まる。きれいな海や山を見ながら、美味しいものを食べて、心をオープンにしながら語り合う。

新年度の事業計画を考えるにしても、混雑したオフィスでいつもと同じメンバー、いつもと同じ服装で話し合っていたら、発想はなかなか広がりません。環境を変えると、頭が柔らかくなったりもする。豊かな自然に囲まれて心地よく仕事をしたら、思考もいつも以上に開放され、みなが腹落ちするよい計画をつくることができるかもしれません。ちなみに、私のいる浜松市もワーケーションに適する場所や宿泊施設があります。ぜひ、浜松にお越しを！

CASE 15のポイント

一人ひとりの専門性を認め合う／理解し合う

誰が何をしているのかがわからない状況は、一人ひとりの専門性が見えていない状況に等しいです。悪気なく、メンバーの専門性、個性、特性へのリスペクトが足りなくなる。

メンバーが自分の知識や経験、能力、意欲をオープンにできる環境をつくりましょう。自己開示しやすい環境を整える。相互理解を広げていく。それによって、組織の「リソースのありか」が明らかになります。

CASE 16 研修を受けた人と、現場が衝突する

◆新人社員のロジカル・コミュニケーションが「生意気」と言われる

研修のやり方をめぐって、現場でトラブルが起こる場合もあります。

例えば新入社員研修。新しく入社する社員を対象に「コミュニケーション」「ビジネスマナー」などの研修を人事部門が企画して実施する。新入社員は講師からロジカル・コミュニケーションや最新のマナーを学びます。そして現場に配属される、研修での学びを実践しようとするわけですが、そこで管理職や先輩との間に摩擦が生じてしまうのです。

新入社員「結論から申し上げます」「〜です」
マネージャー「なるほど」
新入社員「論点が3つあります」「1つ目は〜」
マネージャー「……（経験もないくせに、わかったようなことを言いやがって）」

新入社員は論理的に伝えようと努力するのですが、そのやり方がどうもマネージャーや先輩社員にはフィットしない。ともすれば、マネージャーや先輩から「生意気な若手」と思われ、注意されたり否定されたりして心を折られてしまう。

せっかく研修で新しい武器を身につけてきても、それが組織に活かされず浸透しない、きわめてもったいない状況です。

◆研修の受講者と非受講者で、景色が合っていない

この事例の問題点は、研修の「受講者」と「非受講者」の景色の不一致。今年の新入社員が、どのような研修を受けていて、どのような状態で現場に配属されるのか、

マネージャーや先輩社員が新入社員の「初期状態」を知っていれば状況は変わってくるのではないでしょうか。

これは中間職でも管理職でも起こり得るトラブルです。

管理職研修の後でマネージャーの態度が急に変わり、メンバーが「気味が悪い」「何か裏があるのでは」「この人、またなんか変な知恵をつけてきたのでは……（苦笑）」などと感じ警戒してしまう場面もあります。マネージャーは「コーチング」などの研修を受けて、自分自身の意識と振る舞いを変えようとしている。でもその背景が伝わっていないので、現場では混乱が広がってしまう。そのようなトラブルも見聞きします。

CASE 16の解決策

誰がどんな研修を受けるのかを情報共有する

⑥情報を共有する

この問題の解決策はシンプルです。誰がどんな研修を受けるのか、研修の企画者が事前に全体に周知する。適切に情報を共有すれば、現場の摩擦、衝突はおのずと解消していきます。

「今年の新入社員はロジカル・コミュニケーションの研修を受けてきます。みなさん、そのつもりで接してください。研修資料を共有します」

このようなメッセージを、チャットやメールで関係者に伝えておきます。研修の内容や背景を事前に通知しておくだけで、現場の受け止め方は変わります。現場のマネージャーや先輩が「なるほど、今年の新入社員はこういう頭で入ってくるんだな」と理解できます。

管理職が研修を受ける場合も同じです。チームのメンバーに、マネージャーがどんな研修を受けるのかを伝えておく。それによって、無駄な衝突を防ぐことができます。

◆組織全体でスキルをアップデートしていく

この機会に、新入社員のみならず、組織全体で新たなスキルを身につけていく、すなわち能力や習慣をアップデートしてみてはいかがでしょう。

新入社員に「ロジカル・コミュニケーション」のような最新の教育を施すのなら、中堅社員や管理職にも同様の研修を実施する。コミュニケーションは、双方の関係性で成り立ちます。コミュニケーションを仕かける側がロジカルでも、受け止める側がイロジカル（非論理的）であったらうまくいかない。受け止める側、すなわち既存の社員や管理職もロジカル・コミュニケーションを体得すれば、組織全体のコミュニケーションの効率や品質も向上するでしょう。

DXの文脈でも、同じような問題がよく起こっています。企業が全社員にデジタルスキルを身につけさせようとして、一部のメンバーに外部研修を受講させる。ところが、受講者がデータ活用などの新しいスキルを身につけて現場に戻ってきても、研修を受けていない役員や管理職に「そんなの、できるわけないよ」「いままでのやり方は変えられない」などと言われて、つぶされてしまうのです。全員が同じ頭になる。これも、円滑なコミュニケーションや相互理解を成り立たせるための大きなポイントであり、基盤です。

私が「リスペクティング行動」（本書の内容）の社内講演をした、ある大企業でのエピソード。参加者には20代の若手も、50代の管理職もいました。冒頭で部門長が「みなで同じ話を聞いておかないと、コミュニケーションがかみ合わなくなるから」と強調しており、私は嬉しく思いました。みなが同じ頭になる、「リスペクティング行動」なる共通言語をインストールしておく。それは、お互いが同じ方向を向いて仕事をする上でも極めて重要です。

全員で同じ話を聞くのが難しいとしても、最低限、そういう教育がおこなわれている事実は周知しておきたいですね。

ところで、私は個人的には「研修」なる言葉を極力使わないようにしています。一方的に話を聞く、ワンウェイの関係性を想起させ、中には「で、この先生は何を教えてくれるの？」のようなお客様目線というか、それこそ提供者とお客様のようなフラットでない雰囲気をつくってしまいがちだからです。私がそもそも研修講師でないのもありますが、私が講義などをする場合は「ワークショップ」「グループワーク」「相談会」などの呼び方およびスタイルに変えてもらい、対談やチャットやグループディスカッションなどを取り入れて、対話をしながらお互い理解し合う、共に学び合う、一緒に悩んで一緒に解決する場になるべくしています。

CASE 16のポイント

新しい知識やスキルへのリスペクトを持つ

新しい知識やスキルへのリスペクトを持つ。いままでとは違うやり方を始めてしまった新入社員が悪い、それを認めないマネージャーが悪い。そのような話ではありません。新しい知識やスキルを活用すれば、現場に変化が起こります。多少は混乱も生じるでしょう。しかし「新しい取り組みにチャレンジしている」共通認識を持っていれば、お互いを攻撃するような事態にはならないはずです。

全員で新しい知識やスキルを取り入れ、組織としてアップデートしていく。それによって、学習の効果も高まります。

CASE 17

メンバーが顧客目線・経営目線を持てない

◆メンバーの力が期待通りに伸びていかない

メンバーの成長を後押しする。これもマネジメントの重要ポイントです。しかし経営層やマネージャーの期待通りに、メンバーの力が伸びていかない場合もあります。マネージャーやリーダーは、メンバーに顧客目線や経営目線を持って仕事をしてほしいと思っている。何度もそう語りかけている。しかしメンバーのマインドが変わらない。この問題を考えていきましょう。

マネージャー「あなたには、ただ指示に従うだけのスタッフになるのではなく、よりよい製品、よりよいサービスを考えられる人になってほしい。顧客目線を持とう。ユーザーの立場に立って、自社の製品やサービスを見てください。顧客目線・経営目線を持って、事業の改善に取り組んでいきましょう」

みなさんは、このような声かけをした経験／された経験はないでしょうか？

マネージャーやリーダーは、「もうそろそろ誰々も、経営がわかってきただろう」と考えてしまいがちです。「先輩の背中を見て学んだだろう」「たくさんの顧客に接してきただろう」と期待する。そこで「経営目線を持て」「顧客目線を持って」と呼びかけるわけですが、ただ「目線を上げて」と言うだけでは、メンバーの意識や行動はなかなか変わらないものです。

◆「目線を上げろ」と言うだけでは無理ゲー

人間はいろいろな経験を積んで、成長していきます。仕事でいえば、ある程度の裁量や権限を持つことで、視野が広がっていく。そして新しい領域に踏み出し、そのチャレンジに正しく評価を受けて、自信を深めていきます。

そのようなステップを踏めば、目線を上げていけるでしょう。メンバーに裁量や権限を与え、幅広い経験を積み重ねていけるように後押しする。それがマネジメントの責任です。ただ「意識を変えてほしい」と言うだけではマネジメントをしているとはいえません。

なんの裁量も権限も与えられずに、新しいアクションを起こすなどできないのに、「経営目線を持て」と言われる。それはいわゆる「無理ゲー」というやつです。

CASE 17の解決策

顧客体験・経営体験の機会をつくる

②任せる　⑦選択肢や権限を与える

メンバーに顧客目線・経営目線を持って成長してほしいと思ったら、メンバーが正しく顧客体験できる機会、経営に近い体験ができる機会をつくりましょう。

例えば、自動車業界では近年、MaaS（Mobility as a Service）という考え方が重視されています。車をつくって売るだけでは不十分。「移動」という体験にどう付加価値をつけるか、その体験をサービスとして提供し対価を得るか。顧客の立場を考えれば、そのような発想が求められるわけです。

ところが、そのサービスを提供するはずである自動車業界の人たちがずっと自社にこもって、あるいはテレワークは自宅限定で自宅と職場だけを往復するような働き方をしていて、新たな「移動」の体験や可能性を考えることができるでしょうか。車の新たな可能性、あるいはもどかしさ、移動がもたらす新たな世界などを、顧客目線で実感できる、あるいは想定できるでしょうか。

経営目線も同じです。いつも経営陣がすべての意思決定をしていては、社員はいつまでたっても経営目線など持つことができないでしょう。社員に経営目線を持ってほしいのであれば、小さな意思決定から任せる。社員が意思決定をする体験を増やす。

例えば、その社員が経営会議に参加する機会をつくる。経営陣と対等に意見交換してもらう。あるいは小さなプロジェクトを任せて、予算や意思決定権を委ねる。裁量を与えて、主体性やオーナーシップを持つ経験を積んでもらいましょう。

最近では、企業に属しながら副業をする社員もいます。そういう経験をした社員は、やはり視野が広くなる。副業で、自分自身でビジネスをしている、すなわち経営をする体験をしていますから。逆にいえば、そのような機会がなければ、経営目線はなかなか持てないわけです。

◆顧客の立場、気持ちをトータルで体験する

顧客体験の話も、もう少し掘り下げましょう。ただ自社製品・自社サービスを使ってみるだけでは、真の顧客体験にはなりません。その製品やサービスに関連するトータルな利用体験や生活でもしていなければ、ユーザーの困りごとや、意外な可能性は見えてこないでしょう。

空港を例にして、考えてみましょう。空港運営会社のスタッフは、その空港や他の空港の施設を利用しさえすれば顧客体験をしたといえるでしょうか。私はそうではないと思います。

空港を利用する行為は、多くのユーザーにとって手段であって目的ではありません。空港は通過点でしかない。空港を利用するのは、目的地を旅するため、あるいは当地で仕事をするためだったりします。その一連の行動をトータルで体験して、初めて空港利用者のペインポイント（不便だと感じた点）やキャッシュポイント（お金を落とす機会）が自分ごととして見えてきます。

例えば、出張で飛行機を利用する場合。仕事の都合で、最終便での移動になるときもあります。そのとき、出発から到着までが心地よく過ごせれば、それでよいのか。そうとは言い切れません。現地に降り立ったとき、レンタカーの営業所が軒並み閉店している。バスもタクシーも来なかったら、空港利用者はどう感じるでしょう。売店もしまっていて、軽食すら買うことができない。付近に営業中の飲食店もない。いわゆる食事難民になってしまいます。

私は実際に、そのような経験があります。これが顧客体験。空港利用者のトータルな体験です。この目線を持っている空港には、最終便の後でも移動手段や飲食の選択肢がある程度、用意されています。私はそういう空港に行くと「わかっていらっしゃる！」と心の中で快哉を叫びます。また利用したい、この地域に来るのが楽しみだと感じます。みなさんはそのようにファンを創出できているでしょうか？

◆メンバーの越境体験の機会を増やそう

顧客体験は、いわば越境体験です。いままでと異なる立場を体験する。製品をつくる側・売る側から越境して、ユーザーの体験をする。ただ自社製品を使うだけでは、越境体験にはならない。それはただの使用体験です。ユーザーは競合製品も使います。自社製品を他のものと組み合わせて使ったりもします。越境して相手の行動パターン、喜び、困りごと、価値観を擬似体験するのが気づきにつながるのです。

自分自身で越境体験をするだけではなく、さまざまな人の声も聞きましょう。立場が違う人とフラットな対話をして、多様な意見を知る。それもユーザー理解につながります。

自動車業界にはいまだに「自社の車を利用しない社員」を否定的に見る企業もあります。正直、私は時代遅れだと思います。他社の車を知らなければ、顧客の「移動」

体験はわからないでしょう。他社や他業界の価値を体験していない人に、顧客を感動させるサービスを生み出せるわけがない。自社の車に乗っていても、さまざまな人と話して他社の車の使い心地を知ることはできます。また外に出ていく体験も大事。事業所と自宅の往復だけではなく、たまにはそれこそワーケーションなどをしてみる。車で移動する道中に、車内でオンラインミーティングをしたり、車の傍で仕事をしてみる。そうした体験をすることで、これからの時代の車に何が足りないか。自動運転が本格化したときに、ワークスペースとして車はどのような場として機能し得るか、想像することができるのではないでしょうか。

常日頃からワーケーションをしている人と、一緒に仕事をしてみるのもありかもしれません。さまざまな立場を体験してみる。普段とは違う、越境行動をしてみる。それは新たな視点を自分自身に取り入れることであり、マーケティングやサービスデザイン能力の強化にもつながります。

顧客が日々、何を感じているのかに興味を持つ。越境して、自分でも体験してみる。人の話にも耳を傾ける。社員にそのような「真の顧客体験」の機会を創出していくのが、これからの時代に求められるマネジメントではないでしょうか。それがサービス開発であり、人材開発、組織開発にもつながる。越境体験を増やしていきましょう。

事例紹介 ∨ 神奈川県「鶴巻温泉 元湯 陣屋」スタッフの顧客体験

神奈川県に「鶴巻温泉 元湯 陣屋」という旅館があります。この旅館はITを活用して業績をV字回復したことで知られています。現在の女将が経営を引き継いだ後、ITを使ってお客様とのコミュニケーションを改善していった。例えばお客様の情報を紙で管理するのではなく、データで一元管理する形に変えた。予約などに関するアナログ対応業務を減らして、その代わりに対面のサービスをどう向上させるかを考えたわけです。

経営システムの改善によってサービスの単価設定や、旅館の営業時間も見直しました。やがて陣屋は週休3日制を導入した。浮いた時間でスタッフが旅行をするようになった。他の旅館および旅そのものの体験をして、「このサービスをうちの旅館にも取り入れよう」と提案するスタッフが増えてきたそうです。いままでは、陣屋は予約のとりにくい人気旅館の1つです。

事例紹介 ∨ 日産自動車時代の社内試乗会

私も顧客体験の機会をつくった経験があります。日産自動車の海外マーケティング部門でインターナルコミュニケーション（社内広報）の仕事をしていたとき、社内試乗会を何度か開催しました。社員、派遣社員、協力企業のみなさんに主に海外仕向け地向けの車の試乗を楽しんでもらう。

当時の日産自動車の海外マーケティング部門では、製品を体験したことのないスタッフの多さが1つの問題になっていました。日々の仕事で忙しく、海外拠点のパートナーとの書類上のやりとりに疲弊していました。机上の仕事に忙殺され、自分たちが扱っている車を知る機会がない。仕向け地が海外なので日本国内には流通していない車もあり、体験する機会すらない。また、中途入社の人も多く、とりわけ他業界から転職してきた人は車そのものに対する関心の薄い人も少なくありませんでした。

それでも日々の仕事が回れば問題なし。そのような考え方もありますが、実際に試乗会を開催してみるとなかなかの好評。「別に仕事が回ればそれでよい。車に興味がなくてもよい」と割り切っていた人が、試乗体験を機に最新の車種の特性を嬉しそうに語るようになった変化を私自身目にしました。

仕事に対して前向きになったスタッフもいます。自分が試乗した車のプロモーションの仕事に積極的に手をあげてかかわるようになった人、自分が取り扱う部品に愛着を持ち、仕事の内容を嬉しそうに語るようになった人。そんな景色の変化が生まれました。

CASE 17のポイント

視点や観点を想像し、リスペクトする

このケースのポイントは「視点や観点」です。メンバーは、あるいは自分自身はさ

まざまな視点を持てているか。さまざまな立場の人や観点を体験または疑似体験しているか。ひいてはリスペクトしているか。

そのためにも越境体験がカギになります。いままでの立場を超え、行動を変える機会を創出し、さまざまな視点や観点を体験または疑似体験しましょう。自社製品を使ってみるだけではなく、ユーザーの立場をトータルで体験する。そのとき初めてわかるものがあります。

CASE 18 他責思考のメンバー

◆目標未達の原因は「環境のせい」？

仕事の振り返りミーティング、マネージャーとメンバーの1on1ミーティング。残念ながら「目標を達成できなかった」話になることもあります。その場合は何が課題だったのかを探り、次につなげていくわけですが、そこで環境のせいにばかりしてしまう人がいます。

マネージャー「先月はこの部分が目標未達ですね。要因や背景、対策などはどうですか？」

メンバー「はい。先月はどうしても環境的に難しくて」

マネージャー「環境というと？」
メンバー「A社の状況に変化があって、担当者の考え方も変わってしまって。ずっと相談してきたのに、先方の都合で路線変更になったんです。まいりました」

このような展開になると、マネージャーとしては「相手だけ責めている」「自責で考えていない」と感じるかもしれません。しかしそこでメンバーを「自責で考えた？」と詰問しても、状況は好転しないでしょう。

もちろんメンバーにもできる点はあったと思います。しかし顧客の事業状況や経営方針など、メンバー個人ではどうしようもない要素もある。例えばCOVID-19が拡大し始めた当初には、自責で考えても解決しない課題もありました。自責で対処できる部分と、そうではない部分がある。それを踏まえてマネジメントしなくてはいけません。

メンバーの愚痴っぽい報告に、マネージャーやリーダーはどう答えればよいのか。考えていきましょう。

CASE 18の解決策

ネガティブな感情も受け止め、共感を示す

⑧共感や関心を示す

メンバーたちが先ほどの例よりも、もっと直接的に不平不満を言う場合もあります。例えばクライアントから理不尽な要求を次から次に突きつけられて、メンバーが「やってらんねえっすよ」と愚痴をこぼす。そう言いたくなる瞬間があるのも事実です。

マネージャーやリーダーとしては、説教をしたくなる場面かもしれません。「仕事なんだから、理不尽に耐えて当然だろう」と言いたくなるかもしれない。しかし現場で苦労している当事者は、そう言われるとイラッとするものです。

私も過去に先輩から「お客さんが言うんだから仕方がないよ」「サラリーマンって、そういうものだから」と言われて落胆した経験があります。それは正論です。自分でもわかっている。正論を聞きたいわけではないのです。

そのときとは正反対に、シビアな状況にあってリーダーの一言に励まされた経験も

あります。

あるITシステム開発プロジェクトにて。要件が何度も追加されて、プロジェクト期間も延長、延長。また延長。私も他のメンバーも心が折れそうになっていました。この労苦は一体いつまで続くのだろうか。そう感じ始めたときに、当時のリーダーが「大丈夫。もう8合目まで来ているから」と言ったのです。

その一言で私たちは「ゴールは目前なんだな」と感じました。もう少し頑張れるかもと思いました。経験豊富なリーダーの一言、説得力のある言葉によって、自分たちの現在位置を認識できた。そして、もうひと頑張りできた。これもメンバーをリスペクトするマネジメントではないでしょうか。

事例紹介 不満に理解を示す主任A、受け流す主任B

私が若かりし頃のエピソード。職場に中堅の主任が2人いました。当時、私たちの部署は他部署と共に仕事を進める機会が多く、他部署の都合に振り回される場合もしばしばありました。部署によっては、管理職が考えをコロコロ変えるところもあった。意見を高圧的に押しつけられたりもしました。私たちメンバーにはフラストレーションがたまります。これでは現場は回らない。チームに不満が渦巻いていました。

そのとき、主任Aさんは私たちの話を聞くと「そうだよな」「ひでえよな」「怒って当然だと思うよ」と言ってくれました。まず、メンバーの不平不満に対する共感を示してくれたのです。そうすると、私たちも「理不尽な話もあるけれど、頑張ろう」と思えました。もう一度、仕事に向き合えた。

もう一人の主任Bさんの反応はまったく違っていました。メンバーの愚痴を聞くと「うちの部署は立場が弱いから」「管理職の意見が変わるのはよくある」「サラリーマンは我慢してなんぼ」と答えたのです。それらはすべて正論でしたが、メンバーのフラストレーションは輪をかけて高まりました。私たちは、そういう話を聞きたいわけではない。メンバーたちはそのような表情でBさんの発言を聞いていました。

他部署の人やお客様に直接、不平や不満はなかなか言うことはできないでしょう。でもその分、チームの中ではネガティブな感情も表に出す。その気持ちに共感を示す。マネージャーのちょっとした一言が、メンバーのチームに対するエンゲージメントを高めます。メンバーは苦しいとき、正論を聞きたいのではなく、感情に寄り添ってほしいのではないでしょうか。

事例紹介 ∨ 年頭の挨拶でチームの一体感を高める部門長

これも私が体験した事例です。職場ではお正月の仕事始めに「年頭の挨拶」をする場合があります。経営者やマネージャーがメンバーたちに向けて、新年の抱負や1年間の見通しを語る。これまでに何度も年頭の挨拶を聞いてきましたが、この場面にもマネージャーの姿勢が表れます。

ある部門長はいつも「ここだけの話」をしてくれました。

「いよいよ、○○プロジェクトが追い込みの時期を迎えることになります。ここだけの話、あの顧客はまあけしからん。しかしみなさんが頑張ってくれているから、なんとかここまで来ることができました。このチームならやれる。もうひとふんばりです。一緒に頑張りましょう！」

この場所で、このメンバーだから言える話をしてくれた。この挨拶の後には、チームの一体感が高まりました。一方で、挨拶が形だけというか、明らかにメンバーに語りかけていない経営者や部門長もいました。

「今年も日本経済の先行きは不透明です。しかしすでに報道されている通り、当社は今年度は新たな事業領域に一歩踏み出します。明るい見通しが聞こえてこない時代ではありますが、チャレンジしなくてはいけない。それこそが当社の精神です」

私はこの年頭挨拶を聞いたとき、なんともいえない悲しい気持ちになりました。

「ああ、この人は社員のほうをまるで向いていないんだな」と。

経済団体や新聞記者に語るような内容を、なぜこの場でわざわざ聞かされる必要があるのか。日本の経済の動向や、報道発表されている自社の方向性は、新聞記事やインターネットのニュースを見ればわかります。わざわざ社員を集めて、語る内容なのでしょうか。

メンバーはいまリーダーの考え、組織としての本音やメンバーを鼓舞するようなメッセージを聞きたい。現場への具体的な、思いのこもった期待を聞きたい。日本と経済の話では、自分たちを見てもらっている感覚にはなりません。ふと隣を見ると、私以外のマネージャーやメンバーも退屈そうにしていました。

CASE 18のポイント

メンバーの気持ちに寄り添い、期待やリスペクトを添える

メンバーたちは日々力を尽くしています。その姿に目を向けましょう。苦労してい

るときにはねぎらいを、成功したときには評価を。現場を見て、声をかけましょう。現場から愚痴が飛び出すときもあります。しかしそれは仕事に真面目に向き合っているからこそ出てくる言葉でもあるのではないでしょうか。メンバーが歯を食いしばって進む姿に目を向けて、彼ら／彼女たちに正しく期待やリスペクトを示しましょう。

CASE 19
お取引先に対して上から目線な態度をとる

◆強い部署では、相手を下に見るようになりやすい

マネージャー「あの問題って、どうなっているの？」
メンバー「業者を指導して、改善策を提案させます」
マネージャー「早めに対応してください」
メンバー「わかりました。業者にしっかり伝えます」

「業者」を「指導」して「提案させる」。

もちろんジェントルな人たちもたくさんいますが、大手製造業の購買部門のように「強い業界」「強い部署」で長く働いている人たちは、悪気なくこのような発言をするときがあります。お取引先を下請けとして見て、上から目線な言動をしてしまうのです。お取引先を「業者」と呼ぶのは、相手を下に見る表現ととらえられることがあります。「指導する」「提案させる」も、自社を上に置く表現です。

大企業には業界を牽引し、お取引先の中小企業を守ってきた自負もあるでしょう。それも1つの事実だと思います。

しかしお取引先を下に見るような企業文化の中では、社員は自分の担当する企業を「指導する」のが当たり前だと思ってしまいます。お取引先に自社のほうを向かせて、資材などをうまく調達できないようでは、購買部門のメンバーとして不十分だと評価される。そういった価値観が残っている企業もあります。

しかしそれは、思い上がりともいえるのではないでしょうか。

◆その態度では、ビジネスパーソンとして通用しなくなるリスクも

立場の強い部門では、新卒で入社した若手でも、お取引先に「提案させる」ような仕事のやり方に染まってしまいがちです。

しかしその態度が染みついてしまうと、他の部署の人たちから敬遠されて異動が難しくなったり、他社に転職するのも厳しくなるでしょう。

お取引先の人たち対して「タメ語」で話す。会議に遅刻しておきながら、足を開いてドカッと偉そうに座る。そして「あれはどうなっているんだ！」などと話を蒸し返す。そのような態度をとる人が実際にいます。

それを見て、お取引先の方々はどう思うでしょう？　いまはグローバルな時代です。インターネットが普及し、取引相手を選ぶ手段も増えています。高圧的に要求ばかりしてくる企業との付き合いを、我慢して続けたいと思うでしょうか。

また、自社のメンバーはどう思うでしょう？　偉そうに振る舞うマネージャーやリーダーを横目に「会社として恥ずかしい」「この人と一緒に仕事をしたくない」と感

じる人もいるのではないでしょうか。実際に、私は自動車会社や大手製造業などの若手複数名から「上司が恥ずかしい」「企業文化が恥ずかしい」「この業界、終わっていると思う」なる理由で転職を相談されたことが何度もあります。「この文化に染まってしまったら、自分が残念なビジネスパーソンになってしまいそうで怖い」、そんな胸中を明かして、他業界に転職していった人もいます。

お取引先に対する横柄な態度、一方的な態度は、メンバーの会社や部署や業界に対するエンゲージメントを低下させてしまうのです。

CASE 19の解決策

言葉遣いを変えて、フラットな関係を築いていく

⑨言葉を選ぶ

いつも当り前に使っている言葉や表現を見直してみましょう。その用語や言い回し、相手へのリスペクトを欠いていないか？　振り返ってみてください。

× 「業者を指導して、改善策を提案させます」

このような言い方は、もうやめましょう。自社とお取引先をフラットに見て、対等な言葉や表現を選ぶようにしてください。

○「お取引先（またはその企業の社名や担当者名）にお願いして、改善策を一緒に考えていただく」

このように伝えれば、お取引先の協力も得やすいのではないでしょうか。改善策を1つ提案するのにも、相手に時間とコストがかかります。その手間や時間を想像しましょう。相手を下に見るのではなく、同じゴールを目指す仲間として見る。そのような意識改革ができれば、関係性は少しずつ変わっていくはずです。

事例紹介 大手鉄道会社のマインド「会議室を出ればお客様」

私はかつて、ある大手鉄道会社の情報システム部と一緒に仕事をしたことがあります。先方はお客様。日本の商習慣においては、こちらは下請けと見られてもおかしくありません。しかしその情報システム部の部門長は、私たちに対して常に丁寧に、真摯に接してくださいました。

例えば、何かトラブルが起きたときには、先方から「私たちも一緒にできることはありませんか？」と連絡をいただいたこともあります。エンドユーザからの無茶な依頼があったときには、「私たちが働きかけます」とおっしゃり、一緒に悩んでくださった。

おかげで、私もメンバーも心地よく仕事をすることができました。私はある日、その部門長にどうしてそこまで真摯に接してくださるのか尋ねました。

沢渡「なぜベンダーであるわれわれに、ここまで丁寧に接していただけるんですか？」

部門長「沢渡さん、会議室から一歩外に出たら、みなさんお客様なんですよ。お仕事を離れて、ふとしたときに当社の沿線でご家族で旅行したいな、なんて思っていただけたら、私たちは幸せなんです」

会議室を一歩出れば、相手はお客様。このマインドがあるからこそ、相手を下に見ず、全員で気持ちよく仕事をする環境を生み出せていたわけです。私はその話を聞いて、あらためてこの部門長、この企業のファンになりました。

メンバーもその仕事には意欲的に取り組んでいました。社内でも「あのチームでは成長する」と評判になりましたし、メンバーもその企業が販売するグッズのストラップを買って、携帯電話やカバンに誇らしげにつけて仕事をするなど、チームに一体感も生まれました。

CASE 19のポイント

お取引先へのリスペクトを言葉にも反映させる

「強い業界」「強い部署」だからこそ、管理職を含めて、メンバー全員でリスペクティング行動の理解・浸透をはかっていく。いま、この項目で挙げたような問題を実感している職場は、ある程度強制してでも言葉遣いや態度を変えていったほうがよいと思います。お取引先へのリスペクトを言葉や態度にも反映させる。それが相手をファンにします。

お取引先の方々は、別の場面ではお客様にもなり得る存在です。逆に、理不尽な体験、自分たちを下に見るように振る舞う業界や企業からは、よい人はどんどん離れていってしまうでしょう。ファンをつくる行為をブランドマネジメントといいます。良い体験はブランドを向上させ、悪い体験はブランド棄損を生じさせます。

CASE 20 相見積もりの依頼を各社に乱発している

◆お取引先のコストを軽視している

お取引先への言葉遣いや態度が「上から目線」になるだけではなく、具体的な取引でも無理を強いる例もあります。これも大きな問題です。

例えば、お取引先の各社に対して相見積もりを乱発する。気軽に提案依頼をする。見積もりや提案を出させるだけなら無料（相手のボランティアの営業活動）だと考えている。相手が時間をかけ、知識や能力を使って見積もりを出しているのに、それに対してのリスペクトがない。そのような意識で取引をする組織を、見聞きします。このタイプの組織は、相手を待たせるのも当然だと思っていたりする。見積もりや提案を早く出させておいて、その挙げ句、なかなか決定しない。

中にはA社から提案されたアイデアを盗んで、B社に安値で提案させB社に発注する企業もあります。いわゆる「提案泥棒」「アイデア泥棒」という行為であり、企業としても人間としても最低です。それを繰り返していたら、いずれ協力者がいなくなるでしょう。同じ国内、同じ業界内でアイデア泥棒や買い叩きをしていたら、国全体、産業全体の稼ぐ力が弱くなっていきます。相手や業界全体の利益構造をめちゃくちゃにしてしまいます。他社の時間やコストやノウハウにリスペクトを持たない。それはお互いの足を引っ張り、産業を衰退させる行為です。

◆「上から目線」の3つのリスク

「上から目線」の偉そうなビジネス慣習を続けていると、3つのリスクが高まります。

1つ目は「時代についていけないリスク」。いまの日本には少子高齢化や労働力不足などの大きな課題がいくつもあります。働き手を探すのが難しくなり、賃上げがおこなわれている。お取引先も利益体質を確保し、待遇を改善し、よい人を確保し続けていかなければ事業そのものが継続できなくなる。その時代にあって、過去の延長線上で買い叩きなどを繰り返す。そのような社会的な責任感のない企業や業界は、遅かれ早かれ人々にそっぽを向かれるでしょう。時代の変化、社会の変化に合わせて行動を変えられない残念な企業である刻印を押されてしまう。お取引先や顧客の離反を生じさせます。

2つ目は「社員が離反するリスク」。マネージャーやリーダーが企業の看板を盾にして、お取引先に偉そうな振る舞いをしていたら、メンバーが「何を勘違いしているんだろう」「恥ずかしい」と感じるでしょう。時代遅れのやり方に問題意識を持っている人、つまり優秀な社員ほど辞めていくものです。

3つ目は「社員を路頭に迷わせるリスク」。企業の看板を振りかざす人は、その威光が通じない相手とは仕事をすることができません。相手の立場に立って、考えや行動を調整する経験をしていない。転職したらどうなるか。部署が変わったらどうなるか。お取引先とゼロから信頼関係を築いていくのは難しいでしょう。そもそも、そのような人を受け入れる部署があるのか。社員のキャリアの可能性を狭めてしまいます。

端的にいって、偉そうな態度でしか仕事できない人は、行き先が見つからなくなる。これは人生100年時代、すなわち再雇用や転職を前提に長く生きていかなければいけない時代における、大きな自分経営リスクといえます。

大切な社員やメンバーを将来路頭に迷わせたくなければこそ、誰とでもフラットな関係で心地よく仕事できるよう、相手をリスペクトしたコミュニケーションや仕事のやり方に変えていきましょう。

CASE 20の解決策

形骸化した慣習に、正しく異を唱える

⑦選択肢や権限を与える

もちろん、例えば億単位など大きな案件を動かすのであれば、相見積もりやコンペの実施なども妥当でしょう。合理的な方法であるといえます。しかし1万円、2万円の備品を購入するために相見積もりをとり、相手にコストをかけさせる必要があるの

か。その人件費と機会損失がお互い無駄です。同じ日本の中で、無駄に削り／削られ合っている余裕などありません。

ある企業が、いかなる取引も複数回の価格交渉をおこなうよう義務づけていたニュースがインターネット上で話題になりました。その形骸化した慣習に社員の意欲も削がれた。嫌気がさして退職を考える社員が増えてきた。そのような話でした。

もしも社内に形骸化したプロセスがあるのなら、正しく異を唱えてなくしていく。「形骸化した慣習や仕事をなくす」のも1つのリスペクティング行動です。

マネージャーやリーダーは業務プロセスの課題を発見し、改善していく。メンバーやお取引先から指摘を受けたときには真摯に改善を検討する。その度量と徳が試されています。

◆お取引先の声、顧客の声を聞いて考える

近年、大企業の購買担当者と話をしていると、お取引先との交渉の様子が変わってきたとよく言われます。以前は相見積もりの依頼をするとお取引先が喜んで、「お客

様は神様です」のような姿勢で快く応じてくれた。価格交渉にも嫌な顔一つせずに対応してくれた。ところが最近では、辞退されるケースも増えてきたと言います。

依頼を受ける側の中小企業の社員からも、同様の話を聞きます。最近では、横暴な取引を求める企業との仕事はとりやめにしていると。ブラックな取引先の言い分を聞いて、残業や休日出勤を当たり前にしていては、社員が定着しない。よく聞いてみれば「それはそうですよね」です。大切な社員たちを消耗させ、さらには買い叩くような相手と、無理して仕事する義理はない。

自社のビジネスに理解がある顧客、利益をもたらしてくれる顧客とつながり、そのような仕事を増やしていく。外資系企業と取引をしてみたら、一方的な価格交渉などもなく、気持ちよくビジネスができるようになった。そのような体験談も聞きました（もちろん外資系企業でも、日本企業以上に形骸化したプロセスがガチガチだったり、相手を下請け扱いするような失礼な企業もあります）。

みなさんもお取引先の声、顧客の声を聞いてみてください。あるいはインターネット上などで情報収集して疑似体験してみてください。時代が変わり、社会構造や人の価値観も変わり、求められるビジネスのあり方も変化しています。状況の変化を把握しながら、自社のビジネス慣習を時代に適応させていきましょう。

CASE 20のポイント

業界ひいては国全体へのリスペクトを意識する

社内事情だけを見るのではなく、業界の構造、国の産業構造へのリスペクトを意識しながら、仕事のやり方や慣習を見直しましょう。

社会的責任感が強い組織に、優秀な人材が集まってくる時代です。お取引先を下請け扱いするような組織は、早晩見切りをつけられてしまいます。お取引先との間に信頼関係を築き、同じ目線でビジネスを広げていく。「上から目線」に気をつけましょう。

CASE 21

社内のアナログな慣習が変わらない

◆業務上の接点がブランド体験を左右する

リスペクティング行動は、組織全体のブランドすなわちファンをつくる力に影響を及ぼします。仕事における何気ない振る舞いや事務手続き、コミュニケーションのやり方などが、その企業や業界、地域のイメージを形成する。業務上の接点でリスペクトが感じられるかどうか。それが相手のその組織に対するブランド体験を良くも悪くもするのです。

例えば契約手続きを電子契約に切り替える企業が出てきています。スマートフォンのアプリ1つで、契約締結ができるようになってきた。一方で、「紙に印鑑を押し、印紙を買って貼って郵送する」手続きを顧客やお取引先に求め続ける企業もあります。社内のアナログな慣習がいつまでたっても変わらない。そのような企業に対して、顧客やお取引先は一緒に気持ちよく働くことができるパートナーのイメージを持つでしょうか。

日々の商談や契約手続き、日程調整。社内のさまざまな「報連相」。会議における意思決定。そこでの振る舞いがスピーディーに進むのか。業務プロセスはスリムか。それとも何事も重厚長大に時間をかけてやるのか。

その違いが、そのままブランド体験の良し悪しを決めます。仕事の接点でリスペクトを感じられるかどうかは、「この企業と仕事をしていきたい／この企業と付き合うのは難しい」の判断基準にもなるのです。

◆「IT企業なのにアナログ」と思われるかも

もしもIT企業が顧客にDXを提案しながら、契約に際して煩雑かつアナログかつ重厚長大な事務作業をお願いしたら、相手はどう感じるでしょう。「IT企業なのにアナログだ」「この企業、大丈夫かな」と思うのではないでしょうか。

ブランドマネジメントというと、広報部の仕事、広告宣伝の取り組みだと思う人もいるかもしれません。でも実際にはそうではない。ブランドはファンをつくる力、共感者や協力者、理解者をつくる力です。それは広報部だけでなく、さまざまな部署にも求められるものです。

顧客と接する部門、例えば営業部や販売担当者の振る舞いを見て、相手が「この企業、対応が雑だな」と感じる場合もある。それも1つのブランド体験です。お客様が家族や友人にその企業、その製品、そのサービスをすすめたくなるかどうか。知人が転職を検討しているときに「いい企業だよ」と言いたくなるか。体験を通じてブランドがつくられます。

顧客と直接的には接しない部署も、ブランドを意識する必要があります。例えば経理部は支払いの部分で取引先とかかわります。法務部は契約手続きで接点を持つ。人事部は採用の際に多くの人とやりとりをします。そのとき悪気なく発した一言、ちょっとした振る舞いが、自社のイメージを悪くする可能性があります。自らファンを遠ざけるような言動をとっていないか。あらゆる部署のメンバーが、言動を省みる必要があるのです。

CASE 21の解決策 管理・間接業務をスリム化する

②任せる ⑦選択肢や権限を与える

業務上の接点で、相手に心地よい体験をしてもらう。「この製品、このサービスを使ってみたい」「この人と一緒に仕事をしたい」「この企業とは今後も取引を続けていきたい」と感じてもらう。そのために、業務プロセスに無駄がないかを確認しましょう。特に管理・間接業務の煩雑さは、相手に悪気なく不快な思いをさせてしまうことがあります。

事務手続きが無駄に多い。意思決定が遅い。そのような課題を改善して、管理・間接業務のスリム化を図る。これも顧客やお取引先に対するリスペクティング行動です。

例えば採用情報で応募要項に「手書きの履歴書を提出してください」と書いていたら、応募を検討している人はどう思うか。「この企業は仕事の仕方が古くて、入社してからもさまざま理不尽な苦労を味わうかもしれない」「プロとして成長しにくい社風かも」と感じる人もいるのではないでしょうか。もちろん、明確な目的や意図を持って手書きの履歴書の提出を求めているのであれば別ですが（その場合、なぜ手書きを求めるのかWebサイトなどで考えを明示するとよいでしょう）、そうではないのになんとなくいままでの慣習で続けているとしたら……新卒の人にも、中途の候補者にも敬遠されてしまうかもしれません。応募者に気持ちよくエントリーしてもらうために、減らせる部分、変えられる部分はないだろうか。そう考えて、業務のスリム化を図ってみてください。

◆越境体験で意識をアンラーニング

自社の業務のどこをスリム化すればよいのか。いくら考えてもわからない。その場合には越境体験をしましょう。例えば他社の人と話してみる。同じ人事部の仕事を、他社の人はどのようにおこなっているのか。具体的な例を教えてもらうのです。

「同じ業界でも、こんなスリムなやり方をしているところがあるんだ」
「えっ、この作業ってやめられるんだ」

越境によって、自社がこれまで無駄にカロリーを使っていた部分に気づく。同じ業界なのに、このままでは恥ずかしい。自社の現状に対して、正しく違和感を持てるようになります。

メンバーが業務プロセスに危機感、問題意識を持つのは、組織としてのリスクマネジメントにつながります。無駄な業務はないだろうか。そのせいで長時間労働、休日出勤が増えてはいないか。そう考えて管理・間接業務の見直しを図れば、組織のブランドの毀損を未然に防ぐことができます。

他部署の人、他社の人とのコラボレーションもよい気づきを生みます。異動や出向、社外留学なども越境体験になります。

違う環境に足を踏み入れたとき、初めて見えてくるものもある。さまざまな体験を通じて他の人の見方・考え方を知り、自分の中の固定観念を取り除いていきましょう。長期間、同じ働き方を続けてきた人こそ「いままでのやり方が当たり前」「何が問題なのかわからない」、このように景色や意識が凝り固まってしまいがちです。アンラーニング、すなわち学習棄却していかないと、時代遅れになってしまうリスクが高くなります。経験の幅を広げ、視野を広げていきましょう。

◆コンプライアンスやガバナンスの向上にもつながる

例えば「紙に印鑑を押す」といったアナログな手続きを減らして業務をスリム化やデジタル化するだけでも、ミスが起こりにくくなります。アナログな作業では書き間違いや書き損じなどが生じやすく、またその確認・修正にも手間がかかります。作業をデジタル化すると記録を蓄積しやすくなり、確認・修正作業も手早くできるため、無駄なミスが減るのです。

また、データ上に作業の記録を残せるため、不正も混入しにくくなります。ログが残るため、「不正がないことの証明」のようななんとも虚しく人の気力を奪うような仕事も減らすことができます。管理・間接業務のスリム化やデジタル化には、組織としてのコンプライアンスやガバナンス向上の効果もあるわけです。

アナログな作業をすべて否定するつもりはありませんが、なくせるものはなくす。デジタルに乗せられるものは乗せていく。それは合理性のある取り組みであり、かかわる人たちへのリスペクトであると私は確信しています。

◆関係者全員が恩恵を受ける「スリム化」を

業務のスリム化について、1つ気をつけたい点があります。それは、相手にとってもスリムかどうか。相手とは前工程や後工程などの人たちを指します。

作業の自動化をＲＰＡ、ロボティック・プロセス・オートメーションといいますが、「自動化」と謳いながら、プロセス全体のスリム化や自動化ではなく、ある特定の人たちだけがラクになって前後の工程の人の手間は変わらない、もしくは増えるパターンもあります。

例えば「手書きの申請書を受け取って、データ入力する業務」を自動化する場合。本来は作業の全体を自動化したいところですが、「手書きで申請する」部分はそのままで、受領後の「データ入力」だけがＲＰＡで自動化されるケースもあります。申請書をスキャンしてＯＣＲで文字を読み取り、データを自動入力する仕組みができた。登録担当者はラクになった。しかしながら申請する人の手間は何も変わっていない。申請者は「こちらの手間は無視ですか」「Ｗｅｂで申請できるようにしてほしい」の一言も言いたくなる。いわば「独りよがりＲＰＡ」は相手を幸せにしません。

できることなら、利用者と業務の担当者、双方がラクになる仕組みを考えたいものですね。

◆組織のビジョンと日常業務を照らし合わせる

「DXが必要なのはわかる。しかし、何をどこまで進めるべきか」

アナログとデジタルの塩梅に悩むときもあるでしょう。そのときは組織のビジョン・ミッション・バリューを参照してみてください。

もしも御社がIT企業で、「ITで人々を幸せにする」というビジョンを掲げているのであれば、その方針にそって業務のあり方やプロセスを見直したほうがよいでしょう。紙の契約書への押印を求めて相手を不幸にしているのであれば、その部分には改善が必要です。

自社のビジョン・ミッション・バリューを勘案し、自分たちの仕事のやり方が合致しているか、期待に応えているかを考える。それを社内の各部署でおこなってみてほしいと思います。

企業としてのビジョン。チームとしての目的や戦略。自分たちは誰に対して、どのような価値を生み出していきたいのか。その方向性と、日々の管理・間接業務のあり方が一致しているのかどうかを、チームで話し合ってみてください。課題が見えてくると思います。

CASE 21のポイント

1つひとつのブランド体験へのリスペクト

組織のブランドは、お客様との接点、お取引先との接点、関係者との接点、1つひとつの接点と体験の積み重ねで形成されます。「ブランディングは広報の仕事」ととらえて他人事にするのではなく、日々の仕事を1つのブランド体験として認識しましょう。

無駄を省いて、管理・間接業務をスリム化する。業務上の接点で、関係者全員が気持ちよく仕事を進められるよう改善していく。それも立派なマネジメントです。

CASE 22 「全員出社」が原則になっている

◆テレワークを導入したら、不公平感が生じた

組織の中で新しいチャレンジや取り組みを始めると、反発が起きるかもしれません。最近では、テレワークをめぐる職場での対立や衝突をよく耳にします。

テレワークができるようになった。業務に支障がなければオフィスに出勤せず、自宅など別の場所で仕事をしてもよくなった。管理部門や研究開発部門などの社員は大喜び。しかし、製造部門の社員は現場に行かなければ仕事にならないので、その後も毎日出勤していた。

しばらくたって、テレワークできる人／できない人の間に不公平感が生じてしまっ

て、社内の雰囲気が悪くなった。結局、テレワークは中止に。社員は全員、原則として毎日出勤する決まりになった。

CASE 22の解決策

待遇の調整で、不公平感を解消する

⑦選択肢や権限を与える

たしかに、テレワークが適さない職種や部署もあります。全社でテレワークを導入したとき、影響が大きい部署と、そうではない部署ができてしまう。それは事実です。しかし、そもそも職種や部署によって最適な仕事のやり方は異なるのではないでしょうか。管理部門と製造部門では、仕事のやり方そのものが違うでしょう。研究開発、事務、営業、人事、それぞれの役割があります。さらには、チームメンバーの個々の事情やライフステージ（子育てしながら、介護しながら、勉強しながらなど）によって、最適な仕事の仕方やパフォーマンスを発揮しやすい環境も異なる。

人生100年時代、さまざまな事情を抱えながら働く人も増えてきています。一律同じやり方を強制するのは、もはや無理がある。それはテレワークに限らず、あらゆる面でいえます。

テレワークの導入によって不公平感が生じたとき、働き方を公平にしようとすると、悪気なく、各部署の勝ちパターンを封じ込めてしまう場合があります。テレワークのほうが集中して作業できる部署や人たちに出勤を求めたり、出勤しないと仕事が進まない部署に、自宅での作業を強いたりするといった事態が起こる。それでは全員が不幸になっていきます。

私は同じ社内であっても、職種や専門性によって勝ちパターンは異なるのだから、働き方が異なってもなんら問題ないと考えていますが、そうは思わない組織もあるでしょう。社内の不公平感が生じたとき、働き方の統一ではなく、待遇の調整によってギャップを解消する方法もあります。ある建築会社は、テレワーク不可能な現場のスタッフには手当を支給することにしました。反対に、テレワークをしている社員に通信費や電気代補助などの手当を支給する企業もあります。

働き方の選択肢を増やす。それぞれの勝ちパターンで働けるようにする。そして不公平感が広がらないように待遇面で調整する。みなで仲よく苦しむのではなく、専門性や特性やライフステージや事情の異なる人たちが、お互い勝ちパターンで仕事ができるような環境を整える。多様性を尊重したマネジメントととらえることができるでしょう。個々の勝ちパターンへのリスペクトを。

◆志で共感し、一体感を醸成していく

全員一律の働き方が、一体感をつくるわけではないのです。成果を出すための勝ちパターンは、職種によっても人によっても異なります。同じゴールを目指す仲間でも、働き方は違っていてもよい。ビジョン・ミッション・バリューへの共感で一体感を醸成しながら、日々の仕事におけるパフォーマンスの発揮の仕方は各自が考えて実践する。あなたは製造現場で頑張って。私は管理の現場で頑張る。活躍する場所は違うけれど、同じゴールに向けてそれぞれの持ち場で頑張ろう。志で共感し、お互いにリスペクトを持ってプロの成果を出していきたいですね。

◆テレワークとオフィスワークを使い分ける

テレワークとオフィスワークを両方とも利用し、使い分けている人もいます。

「資料作成は一人で集中してやったほうが捗るから、午前中はテレワークをしよう」

「午後には来客があるからオフィスに行って、そのついでに他部署にも顔を出しておこう」

「明日は定例ミーティングしか用事がないから、終日テレワークにしよう」

仕事の内容によって、自分がより力を発揮しやすい働き方を選ぶ。このような視点を持って、自分にとっての勝ちパターンを実践していけたら、成果も出しやすくなるでしょう。

◆フリーアドレスやワーケーションもおすすめ

統制管理型が色濃い組織では、全員が同じ時間・同じ場所に集まって、同じようなやり方で仕事を進めるのがさも当たり前になっています。しかし、いつも同じメンバーで同じ風景を見ていたら、新しいアイデアは出てこないかもしれない。四六時中、同じ人とばかり話していたら、新たな気づきやコミュニケーションも生まれにくい。部内に気の合わない人がいて、席が隣り合っていたりしたら、心が鬱々としてくる日もあるでしょう。

固定された環境の息苦しさや行き詰まりから自由になるためにも、テレワークや座席のフリーアドレス制を試してみてもよいのではないでしょうか。場所や話し相手を自らの意思で選ぶことができれば、ストレスから解放され仕事に集中できたり、新たな発想が生まれやすくもなります。

ときにはワーケーションを実施するのもよいと思います。自分の好きな環境で仕事をしてみたら、リラックスしてよいアイデアが出てくるかもしれません。景色を変える。それもチームの人間関係を維持しつつ、成果を出し続けるための持続可能なマネジメントです。

CASE 22のポイント

お互いの勝ちパターンへのリスペクト

「全員出社」のような全社一律の仕組みによって、メンバー個々のパフォーマンスや創意工夫を制限してしまうことも。

人によって、部署によって、勝ちパターンは異なって当然。テレワークをする人にも、現場に出る人にも、それぞれの事情や勝ちパターンがある。メンバーがお互いの背景や特性を理解し、勝ちパターンにリスペクトを持てるよう職場環境を整えましょう。部署ごとの違いによる不公平感を解消したいならば、待遇などで調整してみてください。

CASE 23 テレワークを希望する人がいる

◆管理職の一存で、テレワークの可否が決まる

テレワーク実施の判断を、現場に任せている組織もあります。管理職の許可を得れば、テレワークができる。このパターンでは、管理職の一存で働き方が決まってしまうといった事態になりがちです。マネージャーがメンバーそれぞれの働き方に対してリスペクトを持っていればよいのですが、そうではない場合も。

メンバー「この仕事については自宅作業でも問題なく成果が出せます。週に数回、テレワークをしてもよいでしょうか？」

マネージャー「そうかもしれないけど、私はやっぱり対面のほうがコミュニケーションがとりやすい。他の人も基本的には同じだと思います。うちのチームのメンバーには、原則として毎日出社してほしいんだよね」

管理職とメンバーとの間の上下関係が強いチームでは、このような物言いでテレワークの選択肢がもろくも消滅してしまう場合があります。管理職の判断が絶対的な基準になっていて、メンバーが主体性を発揮しにくい。

中には、マネージャーが「テレワークを許したらみんなサボるに決まっているから、原則として禁止している」と明言するケースもあります。残念ながら、社員を子ども扱いしている。まったく信用していない。自分にとっての心地よい働き方を、相手に押しつけようとする。それが前時代的なやり方である、ひいてはメンバー個々の勝ちパターンを妨げているかもしれないとは気づいていない。

CASE 23の解決策

チャットに会話の記録を残す

①期待する ②任せる

CASE22でも説明したように、テレワークではできない仕事もあります。現場に出なければ成果が出せない職種、部署もある。しかし、そうでなければ、テレワークを選択肢の1つに入れてもよいはずです。

テレワークでも成果が出せるのに禁止している職場では、その組織風土に社員が幻滅して辞めていく場合もあります。テレワーク不可という目先の問題だけを嫌がっているわけではなく、テレワークさえも許容できない姿勢を目にして、エンゲージメントが下がる。ひいては、古い考え方の意思決定層の意向だけが優先されるマネジメントに嫌気がさす。

そんな組織においては、テレワーク以外でも管理職などの意思決定層がメンバーを未熟者扱いして無駄に制約する行動をとっていたりします。必要な情報をなかなか展開してくれなかったり、いつも管理職だけの意向でものごとが決まってしまったり。

マネージャーやリーダーが、メンバーとの間に垣根をつくるのです。その垣根によって上下関係を維持している側面があったりもします。

優秀な人材の流出を防ぐためにも、メンバーを信頼して、テレワークだけでなくその他さまざまな働き方も、積極的に解放していきたいものです。メンバーの主体性を期待し、働き方の選択を彼ら／彼女たちに任せていく。これも立派なエンパワーメント（権限移譲）の1つです。メンバーの組織に対するエンゲージメントにも大きく影響するでしょう。

◆テレワークのポジティブな側面もリスペクトしよう

テレワークを大々的に実施した経験がないチームや企業では、導入や継続に対する不安もあるかもしれません。ネガティブな影響を心配する人もいるかもしれない。そのような不安、心配を解消するための材料を提供します。

ある外資系企業がテレワークを実施した後、アンケートをとりました。その企業にもテレワークができる部署とできない部署があったわけですが、全社アンケートの回答を見ると、どの部署からもポジティブな回答が目立ちました。

興味深いのが、テレワークできない部署においてもポジティブな回答が得られたこと。自分や家族の身に何かが起きて、毎日出社できない状態になったとき、社内にテレワークできる部署があれば辞めずに済むかもしれない。安心である。そのような回答でした。だからです。出産や育児、介護で出勤が難しくなったとき、あるいは自分自身の健康の都合で出社が厳しい状態になったとき、この会社ではキャリアを継続できる可能性がある。そこに社員は安心を感じたのです。

テレワークを全面的に禁止、あるいは廃止した経営者や管理職全員に、この話を知ってほしいと思っています。この企業に勤めていれば、人生で想定外の出来事が起きてもきっと大丈夫。この安心感は何物にも代えがたい。社内のどこかにテレワークができる部署がある。それによって、社員のエンゲージメントが高まる可能性があるのです。

個人的にはテレワークは何かあったときのための手段ではなく、日常的に「景色を変える手段」「個々の勝ちパターンで成果を出す手段」「地域などの条件に左右されず、さまざまな人が参画する手段」として実施してほしいですけれども。

CASE 23のポイント

メンバーのライフステージへのリスペクト

人間にはさまざまなライフステージがあります。結婚したり、子どもが生まれたり、病気になったり、家族の介護をしたり。生活が変化すれば、働き方も変わるでしょう。そのとき自分はこの組織で働き続けられるのか。それとも、この組織に働き方の選択肢はないのか。その違いが、組織に対するエンゲージメントを左右します。

メンバーの事情やライフステージに対してリスペクトを持ちましょう。優秀な人材を引きつけるためにも、その人の人生への理解と寄り添いが必要です。

CASE 24 業務時間外や休日にもチャットが続く

◆公私の区別が曖昧になってしまったら

テレワークはさまざまな制約を解放する反面、公私の区別が曖昧になりやすい問題もあります。自宅で仕事をしていれば、業務用のパソコンは手の届く位置にある。スマホに通知も届く。それが気になって、業務時間外でも休日でも、チャットツールを開いてしまう。急ぎの用件が目に入ったら、返信もしてしまう。そのような習慣がついてしまう。

もちろん職種によっては業務時間外でも緊急事態に対応しなければならない場合も

あります。そのような決まりと合意形成が組織と働く個人の間でなされているのであれば、特段問題視する必要はないでしょう。あるいは裁量労働などの制度下で、本人の意思で対応しているのならば問題はないでしょう（もちろん、労働法に則った適正な運用は必須です）。

しかし、なし崩し的に業務時間外の対応が常態化していたり、個人に対して過剰なストレスが発生しているのであれば、組織として何らかの対策をとらなければならないでしょう。

CASE 24の解決策

通知は受信側でコントロールする

⑦選択肢や権限を与える

チャットツールの導入の利点は、場所や時間などの制約にとらわれずにコミュニケーションがとれる点です。その長所を生かしつつ、業務時間外にまで個人に負担をかけないような運用を考慮したいものです。

とりわけ創造性を求められる職種や仕事においては、いつ何時よいアイデアが降ってくるかわかりません。平日9時〜18時の間（ただし昼休みを除く）で規則正しく閃いてくれればよいのですが、残念ながら閃きの女神は気まぐれでそうもいきません。

また、新たなコラボレーションを仕かけるときなど、なるべく早めに関係者を巻き込んで「初手」を打っておきたくなるか、巻き込んでおきたいケースもあるでしょう。

何かよいアイデアを思いついたその瞬間に書き留めないとすぐに忘れてしまう。他者とのコラボレーションの熱量も、時間の経過と共に冷めてしまうこともあります。だから早く伝えたい。業務時間まで待つのがストレス。しかし、夜や休日にチャット投稿をしようものなら、相手に通知が送られてしまってストレスを与えてしまう。

その場合、「発信はいつでも自由に」「受信は各自のタイミングで」、このようなルールにしてはいかがでしょうか。Slackを活用しているある地方自治体では、「通知は受信側でコントロールする」を原則としています。休日は通知をオフにする。発信側も即時の対応を求めない。そうすることで、発信側も受信側もストレスなくコミュニケーションできるよう配慮しています。

誰かに言いたい用件を思いついたら、すぐに書き残す。コメントを入れておく。ただし、速やかな確認は要求しない。相手が次に勤務するタイミングで見てくれればよいとする。このルールを徹底すれば、お互いに気持ちよく仕事をすることができます。発信側はラクになる。アイデアを覚えておかなければならないストレスから解放されます。そして受信側も、通知をオフにしておけば無駄なストレスがかからない。業務時間外はゆっくりと休める。それぞれの勝ちパターンを維持することができます。

ちなみにチャットツールによっては、予約投稿機能を備えているものもあります。いま投稿しても、相手に送られるのは月曜日の朝9時など発信タイミングをコントロールすることができます。調べて試してみてください。

◆不在の人への配慮も重要

「発信はいつでも自由に」とすると、誰かが休んでいるうちにチームのメンバーたちが熱い議論を交わして、大量のメッセージが投稿される場合もあります。休み明けに何十件もの未読コメントが表示される。それもまた受信者の負担になります。誰かが休んでいるときに議論が盛り上がった場合には、誰かがそっと要約してあげると親切です。


「○○さんは今日お休みなので、このあたりでいったん話を要約しましょうか」

「私、やっておきます」

「お願いします」

「箇条書きで、3行でまとめておきますね」

「素晴らしい！」


このようなやりとりが自然に発生するようになれば理想的です。このひと手間によって、チームの連携がよくなる。後から情報をキャッチアップする人のための思いやり。それを文化として醸成していくのも、マネジメントの1つです。

CASE 24のポイント

相手のライフスタイルや働き方へのリスペクト

多様な人が集まる組織では、それぞれのライフスタイルや働き方へのリスペクトがほしいところ。同じチャットツールを使っていても、メッセージを見る時間は人それぞれによって違う。その違いを踏まえ、必要に応じて共通のルールを設定しましょう。全員が同じ時間に働いていなくても、共に仕事は進められます。仕組みを整えれば、無駄なストレスを生み出さずに、場所と時間を超えてコラボレーションできる。ツール、ルール、プロセスは、多様な人が相互にリスペクトし合いながら成果を出すための基盤ともいえるかもしれません。

第4章

認め合う・期待し合うリスペクティング行動

◆「つながれない」はリスクになる

第1章で「つながれない」はリスクになるとお話しました。マネージャーやリーダー、メンバーが、一人ひとり頑張っていても、つながって成果を出すことができなければ、チームとしてはうまく機能しきれません。

第2章・第3章では、悪気のないちょっとした一言、何気ない行動によってチームにほころびが生じてしまう場面を紹介してきました。

例えば、いつも一部の人だけで意思決定している職場。メンバーには発言の機会がない。それではメンバーは意見を言いにくくなります。そもそも、自分たちは発言や意見をする権利がないとすらメンバーは思ってしまう。こうして、意見や思いを持つことさえ諦めてしまう職場を私自身いくつも見てきました。

マネージャーやリーダーは常に多忙。メンバーは報告や相談さえもなかなかできない。そうかといってチャットで軽く話しかけると「礼儀がなっていない」と注意される。社内に仕事連絡以外の会話がほとんどない。誰がどのような仕事をしているのかがわからない。

仕方がないので、すべて自分で考えてプレゼンをすると、「その話は余計だ」と批判される。細かい数字を求められる。「目線を上げろ」と言われる。

そのような働き方が当たり前になっていたら、メンバーは無力感しか持つことができません。主体的なコミュニケーションも生まれなくなるでしょう。なぜなら、めんどくさいから。

そのような行動パターンは、マネージャーやリーダーにとっても、望ましいものではないでしょう。

会議を開いても、メンバーがほとんど発言しない。仕方なく、いつも中心メンバーだけで意思決定している。

メンバーの主体的なアクションがない。メンバーからの報告はいつも遅れ気味。チャットを活用するように伝えても、反応が鈍い。

依頼をすれば動いてくれるが、相談も質問もしてくれないので、後になっての手戻りが多い。仕事を順調に進めてくれていると思っていたら、いざ会議の場になって、期待外れのプレゼンを披露する。
そのような日々が続いたら、マネージャーやリーダーはメンバーを信頼し、仕事を依頼するのが難しくなるかもしれません。何よりマネージャーやリーダーの仕事も増える一方で、どんどんしんどくなっていきます。

◆あらためて、リスペクティング行動とは

メンバーたちは頑張ろうとしている。マネージャーやリーダーはそのメンバーたちに期待している。でも、お互いの思いがすれ違う。フラットなつながりを持つことができない。組織の中で、それぞれが無力感を抱いてしまう。そのような状況を打破するために、リスペクティング行動が有効であると話をしてきました。

相手を一人のプロとして見る。相手の仕事の仕方にリスペクトを持つ。お互いが最高のパフォーマンスを発揮できるように、よい関係、よい環境をつくっていく。そのための考え方や方法やヒントを、ここまで紹介してきました。

具体的な事例に対する解決策は示しましたが、最後にこの第4章で「リスペクティング行動とは何か」「どうすればリスペクティング行動を増やせるのか」をあらためて説明します。

◆仕組みづくりもリスペクティング行動

第1章でも述べましたが、リスペクティング行動は「行動」といっても、発言や振る舞いだけで構成されるものではありません。いわんや個人の気合・根性やマナーの問題だけで片づけられるものではない（私は正直、気合・根性・マナー論が苦手です）。

仕事の進め方や意思決定の仕方、コミュニケーションツールの使い方、事務手続きのあり方など、さまざまな業務プロセスも相手をリスペクトしているかどうか、ひいては相手をリスペクトする行動が起こるかどうかを大きく左右します。

社内の相手と、あるいはお取引先や顧客とお互いにリスペクトを持って協働するためには、行動や発言への配慮ももちろん大事。しかし、それ以上に仕事の進め方、コミュニケーションの仕方、管理間接業務のあり方などの仕組みの工夫と改善もリスペクティング行動を強化する意味で取り組んでいく必要があります。「相互にリスペクトを示す」取り組みを、個々人の人柄や気遣いだけに押しつけない。組織のあり方、仕事のあり方としてとらえましょう。

本書の中でも、例えばＣＡＳＥ７などで、発言が丁寧でも業務プロセスが整備されていなければ、相手にリスペクトは伝わらない例を提示しました。振り返ってみてください。

リスペクティング行動の定義と効果を、ここであらためて紹介します。次ページの図で示す通り、リスペクティング行動には「環境づくり」も含まれます。これまでの事例でも伝えてきた通り、業務プロセスや職場環境の見直しも、リスペクティング行動を組織の習慣にするために不可欠です。

図7　リスペクティング行動の定義と効果

リスペクティング行動とは

メンバーの「強み」「特性」「やりたいこと」「事情」
などを**認め合い、期待し合う**言動や振る舞い。
およびそれらを促進する環境づくり。

↓

正しく認め合い、期待し合うチームは信頼関係のもとに
高いパフォーマンスを発揮することができる

↓

コラボレーション（協業・共創）による
課題解決や価値創造が求められる
これからの時代に必須の個人スキル・組織スキル

◆リスペクティング行動を習慣化するための3つの着眼点

リスペクティング行動を習慣化するための着眼点を3つ提示します。

①相手に関心を持つ

部長や課長などの職位に関係なく、共に仕事をする相手に興味や関心を持つ。協力企業のスタッフ、お取引先の関係者など、外部の人にも関心を持ちましょう。相手のことを知りたい、相手の立場を理解したいと思いながら、関係を築いていく姿勢が大切です。

②よいところを見つける

若手の仕事に物足りなさを感じたとしても、できていないところを探して揚げ足をとるのはやめる。減点主義はやめる。できているところや、自分あるいはいままでにない新しさに注目。その成果や変化、意外性、新しさなどを言語化しましょう。

「それは新しいね」「いままでにない発想ですね！」「面白い！」、このようなフレーズを発してみるのもよいかもしれません。口ぐせは、組織の思考習慣や文化を醸成しますから、口に出してみるのはあながち悪い行動ではありません。

③人として接する・認める

仕事なんだからマネージャーやリーダーの言う通りにするのが当たり前。顧客の要望に応えるのが当たり前。それでは組織全体が思考停止してしまいます。相手を一人の人間としてリスペクトする。自分も一人の人間としてリスペクトを受ける。それが相互に認め合い、共創して課題解決や価値創造をするための、基本的な姿勢だと私は考えています。

反対に、リスペクトを損なう「アンチパターン（悪い事例）」もあります。

無反応、無愛想。粗雑な言葉遣い。問答無用な批判・否定。相手を一人のプロとして認めない態度、一人の人として付き合おうとしない姿勢です。

もちろん、無理に愛想よく振る舞う必要はないのですが、何をするにも否定から入り、相手の自尊心を傷つけるような言動をしていたら、相互理解は進みません。意見を聞いても報告を受けても無反応。口を開けば説教ばかり。そのような態度では、関係者全員のモチベーションを下げ、組織を空中分解させてしまいます。

◆人間には3種類の承認欲求がある

人間は3種類の承認欲求を持つといわれています。

①結果承認欲求

自分の仕事の成果を認めてほしい。例えば1000万円の売り上げを獲得した。その結果への承認や評価がほしいと思う気持ちです。この欲求が満たされると、目標達成へのモチベーションを維持できます。

②行動承認欲求

1000万円の目標に対し800万円の売り上げしか上げられなかった。あるいは、不可抗力で1000万円の案件を受注できなかった。そうであっても、せめてその過程でやってきた努力や工夫を認めてほしい。頑張りを見てほしい気持ちです。人はプロセスを評価されることで「この組織の人は成果だけではなくプロセスや努力も見てくれている」安心感と組織に対するエンゲージメントを高め、その取り組みを続けるモチベーションが生まれます。

③存在承認欲求

自分の存在をまずは承認してほしい。例えば、名前を呼ぶ行為も相手の承認欲求を満たす行動です。

「沢渡さん、おはようございます」と名前を添えて挨拶するだけでも、相手は「自分の存在が認知されている」と感じ、「自分は組織の一員なんだ、ここにいていいんだ」と認識するようになります。こうして、組織に対する帰属意識が育まれます。また「見られている」意識も高まり、不正行動を起こしにくくするメリットもあります。つまり名前を呼び合う行動には、コンプライアンスやガバナンスを強化する効果もあるのです。

3種類の承認欲求を知っておくと、リスペクティング行動を考え、実践しやすくなります。

先ほど挙げた3つの着眼点「相手に関心を持つ」「よいところを見つける」「人として接する・認める」も、承認欲求に紐づくものです。

相手の存在や行動、変化や成果に心を寄せる。相手が不安に感じてしまいそうな部分に対して、ポジティブな言葉をかけていく。それによって、組織にいる人たちの間で「私はここにいてもいいんだ」「この働き方で大丈夫だ」と安心感が高まります。チームの一体感、メンバーの自己効力感と主体性が強くなっていきます。

「この組織であれば、自分の能力や知識を生かせる」「生かしてもらえる」、このような形で組織に対するエンゲージメントが高まります。メンバーの心の中で、内発的動機づけが生まれやすくなる。組織の中でのコミュニケーション、コラボレーションが広がります。

◆リスペクティング行動「10の具体行動」

本書では全部で24のケースを紹介しました。リスペクティング行動のさまざまな例を伝えてきましたが、職場では他にも多くの場面でリスペクトを示せます。みなさんには本書の例のようなシチュエーションに限らず、いろいろな形でリスペクティング行動を展開していただければと思います。

そこで、日頃から仕事の相手にリスペクトを持つためのヒントとして、リスペクティング行動の基本を整理して紹介します。具体的には、以下の10のキーワードを意識すると、相手の立場を尊重した行動をとりやすくなります。いわばリスペクティング行動「10の具体行動」です。ぜひ参考にしてください。

図８　リスペクティング行動「10の具体行動」

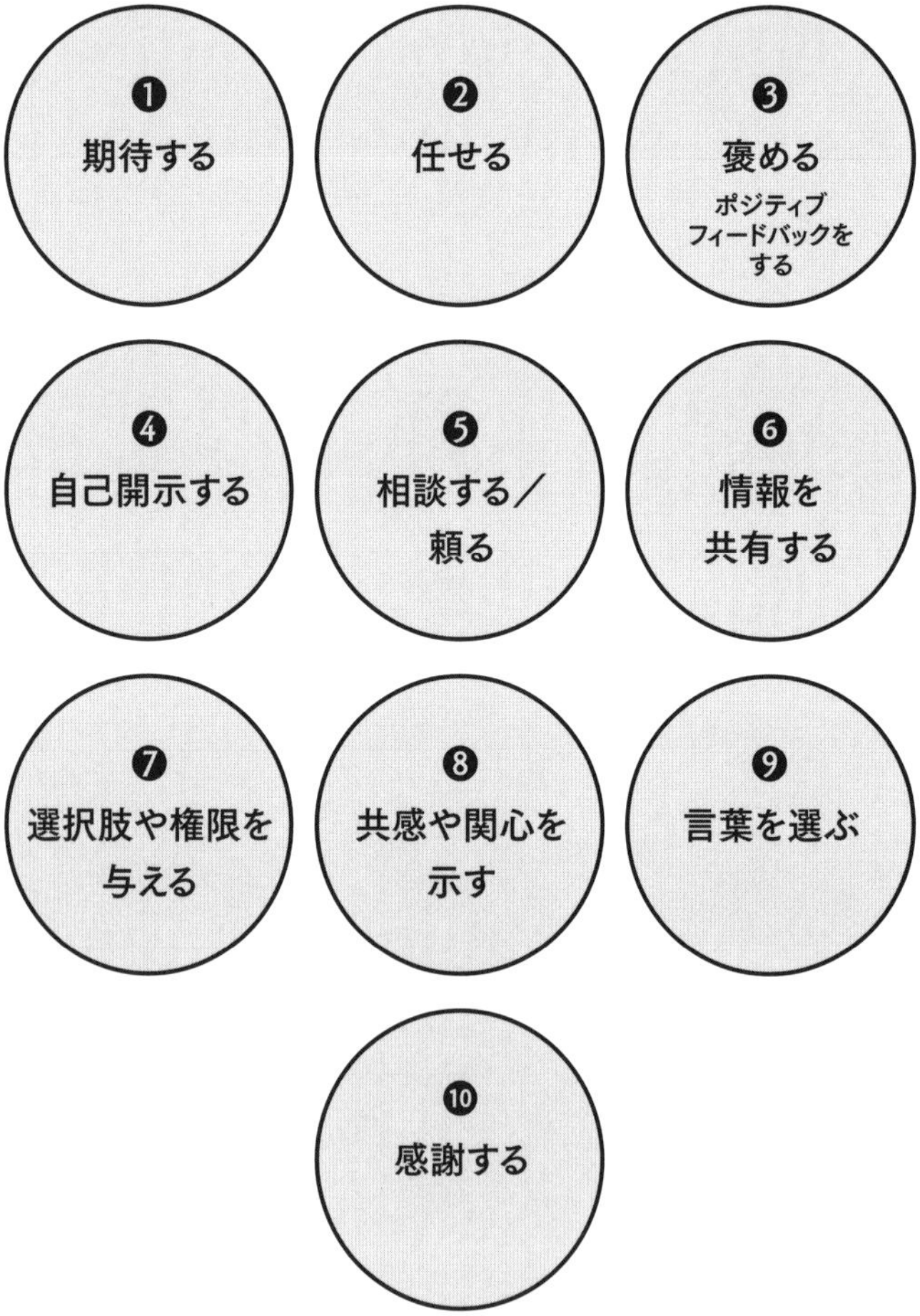

①期待する

相手に正しく期待をかける。「期待しているよ」と声をかけるだけでなく、例えば「この仕事を通じて、あなたにはプロジェクトマネジメントを実践できるようになってほしい」など具体的な期待や成長イメージを伝えましょう。

本書の中でも、例えばCASE17「顧客目線・経営目線を持ってほしい」やCASE23「テレワークを導入する」は、メンバーに期待をかけて、さまざまな体験・環境を提供する取り組みです。

②任せる

仕事を相手に任せる。例えば「この案件の進行を任せる。予算の使い方も、いくらまでは一任する」と伝える。ただし「目的からそれた場合」「予算超過しそうな場合」には口を出すなど、マネージャーやリーダーが介入するケースと条件を伝えておく。仕事の進め方を委ねた上で「介入ポイント」を明確にします。

CASE21「管理・間接業務をスリム化する」やCASE12「退職のプロセスを成熟させる」などで示した、業務プロセスの整備によりメンバーに仕事を任せやすくする努力もお忘れなく。

③褒める（ポジティブフィードバックをする）

褒めるのはよいことですが、その表現はときに上から目線に聞こえるため注意しましょう。

また、とにかく褒めればよいというわけではありません。「褒める」を意識しすぎてメンバーをベタ褒めしていると、お互いに違和感が生じたりもします。褒めるより、「ポジティブフィードバックをする」。その意識で相手を承認しましょう。

例えば「会議資料の準備」のように、目立たないけれど大切な仕事をしている人に対して言葉をかける。「あなたが資料を用意しておいてくれたから、会議が前回よりも早く終わった」「お客さんがあのグラフを見て、自分たちの課題を語ってくれた」と、その先の成果や変化を具体的に言語化してフィードバックする。それによって、相手の仕事に対する自己効力感が高まり、仕事に自信を持てるようになります。

特に管理・間接業務のように、売り上げなどに直結しない仕事、成果が数値で見えにくい仕事こそ、その先の成果や変化や価値を言語化して伝えましょう。

CASE11「若手によかったところもフィードバックする」が、ポジティブフィードバックの好例です。CASE9「デジタルツールの快い体験機会を増やす」も、ポジティブな経験を通じて働き方を改善していくやり方といえます。

④自己開示する

自分の担当業務や得意分野、苦手分野などを相手に開示する。家族構成などのプライベートな話まで、何もかもを語る必要はありません。自己開示を強制してはいけない。開示する内容は、組織の雰囲気も見ながらそれぞれが自分で決めましょう。その意味でも、マネージャーやリーダーが率先して自己開示している職場では、メンバーも情報発信をしやすくなります。

自己開示によってお互いに何者なのかがわかってくると、声をかけやすくなります。「この領域で困ったときには、あの人に相談しよう」「自分の仕事を知ってもらっておいたほうが、何事も進みやすくなる」。メンバーの間にそういった感覚が生まれると、コミュニケーションはよりなめらかになっていきます。

CASE8や15でも「トップが率先して自己開示する」「自己開示しやすい環境をつくる」やり方について伝えました。

⑤相談する／頼る

マネージャーやリーダーがメンバーに「ただ指示だけ」をしていると、メンバーが作業者になってしまうリスクがあります。メンバーを一人のプロとして信頼し、相談しながら仕事を進めていきましょう。

「お客さんがこう言っているから」「この通りにやって」ではなく、「こういう案件があるので、力になってくれないか」と相談する。例えばメンバーの中に法務部門出身の人がいるのなら、「契約書の内容を検討したいのですが、知恵を貸していただけないでしょうか」と相談するのもよいでしょう。

マネージャーやリーダーがメンバーの専門性にリスペクトを示し、積極的に相談する／頼る姿勢を見せる。それによって、チームの中にどのようなメンバーがいるのか、誰が知識や能力を持っているのかが可視化されます。それぞれの専門性が研ぎ澄まされていく。そしてお互いの信頼関係も深まっていく。チームビルディングが進みます。指示命令型から、相談型に。その景色の変化がお互いのリスペクトと、フラットな関係で協働できる文化を育みます。

CASE13「仕事の5つの要素を一緒に確認する」も相手を従えるのではなく、一人のプロとして向き合い、共に考えて答えを出していくスタイルです。

⑥情報を共有する

全員にかかわる情報は、手早く一斉共有する。情報の垣根をなくす。例えば仕事の予算や納期に変更があったとき。マネージャーやリーダーが恣意的に「この人には伝える」「この人には伝えない」など区別していたら、蚊帳の外に置かれた人は「のけものにされた」と感じるでしょう。

マネージャーとしては「予算や納期はこちらで管理する」「メンバーはそんなことを考えずに作業をしてくれればいい」と考えるかもしれません。しかし、それではメンバーの主体性は伸びていかないですし、仕事に対する目的意識も芽生えません。予算や納期が変われば、メンバーも個々の判断で仕事の仕方を調整するかもしれない。自分で考えて仕事を調整する機会を、メンバーから奪ってしまう場合もあります。何より、メンバーのほうが目的を達成するよりよい方法を知っているかもしれません。その可能性を奪ってしまうのは、組織に対しても大きな損失です。

取り扱いに制限がある情報でなければ、メンバーにもできる限り共有する。ギリギリのところまで公開する。かつ素早く共有する。そのためにチャットツールなどの手段も活用していく。それはメンバーの主体性、積極性を引き出すことにもつながります。

情報共有は特に大切な取り組みで、本書でもCASE5「ミーティングでの情報の一斉共有」やCASE7「日程調整」、CASE2「仕事の目的や内容の確認」といった形で取り上げています。CASE16「研修前後の景色合わせ」も、情報を共有できるかどうかがポイントになります。

⑦選択肢や権限を与える

チャットツールを活用する。テレワークを駆使する。働き方の選択肢を増やせば、より多様なメンバーの力を集められるようになります。メンバーに選択肢や権限を与える。一人ひとりが「勝ちパターン」で働けるように環境を整える。同じ目的を目指す点では共通項を持ちながら、やり方はそれぞれに任せる。それもメンバーを一人のプロとして見る、リスペクティング行動です。

CASE22「通勤とテレワークの併用」やCASE24「チャットツールのルール設定」も、メンバーに選択肢や権限を与える取り組みです。CASE20「相見積もりなどの形骸化したプロセスの見直し」も、現場を無駄な制約から解放する意味で、同様の動きといえるでしょう。

⑧共感や関心を示す

リスペクティング行動を増やす3つの着眼点にも「相手に関心を持つ」がありますが、相手に対して共感や関心を抱いたら、それを発言や行動で示していきましょう。

例えば職場で仲間が「最近、マーケティングの勉強を始めたんですよ」と言っていたら、みなさんはどのような返答をしますか？

×「へー」「ふーん」

もしマーケティングにくわしくないとしても、このような反応を返していては、相手との関係性は深まりません。それに、よく知らないテーマであっても、興味や関心は示せます。

○「おっ、マーケティングか。私はくわしく知らないんだけど、このチームにもたぶん必要だよね。読み終わったら、どうだったか聞かせてよ」

このような言い方で興味や関心を伝えれば、相手も勉強して学んだ内容をシェアしたくなるでしょう。お互いの知識を持ち寄れば、連携や課題解決をしやすくなります。

CASE18「現場の愚痴に共感を示す」では、興味・関心を示すアクションの成功事例を紹介しました。

⑨言葉を選ぶ

言葉遣いには、相手への視線が反映されます。相手を下請け業者だと思っていると、何を言うにも失礼な言葉遣いになります。相手を見下すような発言を繰り返していたら、よい関係はつくれません。お取引先も、社内のメンバーたちも、一緒に仕事を進めていく仲間です。言葉にも相手へのリスペクトを込めましょう。

CASE19「お取引先に対する言葉遣い」やCASE10「社内用語の使い方」は、言葉選び1つで相手との関係性が変わっていく話でした。CASE14では、「ポリシー」という一言で私自身が励まされた経験を紹介しました。

⑩感謝する

どのような場面でも意識したい、リスペクティング行動の基本。相手に感謝する。「ありがとう」という言葉で、表情や態度で、感謝を伝えましょう。

例えば、メンバーから企業全体の課題を指摘されたとき。「何を生意気な」と思う気持ちもあるかもしれません。それほど的確な指摘ではない場合もあるでしょう。しかし、その発言をきっかけとして、組織の問題を改善できる可能性もあります。メンバーが善意を持って動いてくれたときには、まず感謝を伝えましょう。「ありがとう」の一言でもかまわない。「ありがとう」がわざとらしく、照れ臭ければ「いいね！」でも「グッドジョブ！」でもいいと思います。問題や課題に気づき、言いにくい指摘を口にしてくれたことに、感謝を伝えてください。

感謝は本書のすべてのケースにかかわりますが、その中でもCASE1「報告を受けたらまず感謝する」がわかりやすいと思います。CASE1のような対応を、報告以外の場面でも心がけましょう。

◆「ヘルプシーキング」が起こりやすくなる

リスペクティング行動が習慣化した組織では、ヘルプシーキングが起こりやすくなります。ヘルプは「助け」。シークは「探す・求める・見つける」。ヘルプシーキングとは、周囲に援助や支援を求める行動です。リスペクトによって相互理解が深まると、メンバーもマネージャーも、リーダーも、まわりの人を正しく頼れるようになるのです（次ページの図を参照）。

ヘルプシーキングが起こりやすい組織には、3つの要素がそろっています。

①環境

「このままでは間に合わない」「手伝ってほしい」と打ち明けると評価を下げられてしまうような職場では、人を頼ることなどできません。助けてほしくても、気後れして声をあげられなくなる。助けを求めやすい環境づくりをしましょう。

例えば、メンバーが日頃からお互いに自己開示する、褒める、期待する、リスペクトを持つといった行為をとっていれば、相手を信頼できるようになります。助けを求めやすくなります。日頃から頭ごなしに否定しない・されない関係性をつくり、「ここでは弱みを見せても攻撃されない」安心感を持てるようにするのも大切です。

信頼感と安心感を醸成する。人を頼れる環境をつくる。その点で、リスペクティング行動が大いに役立ちます。

図9　ヘルプシーキング行動を支える3つの要素

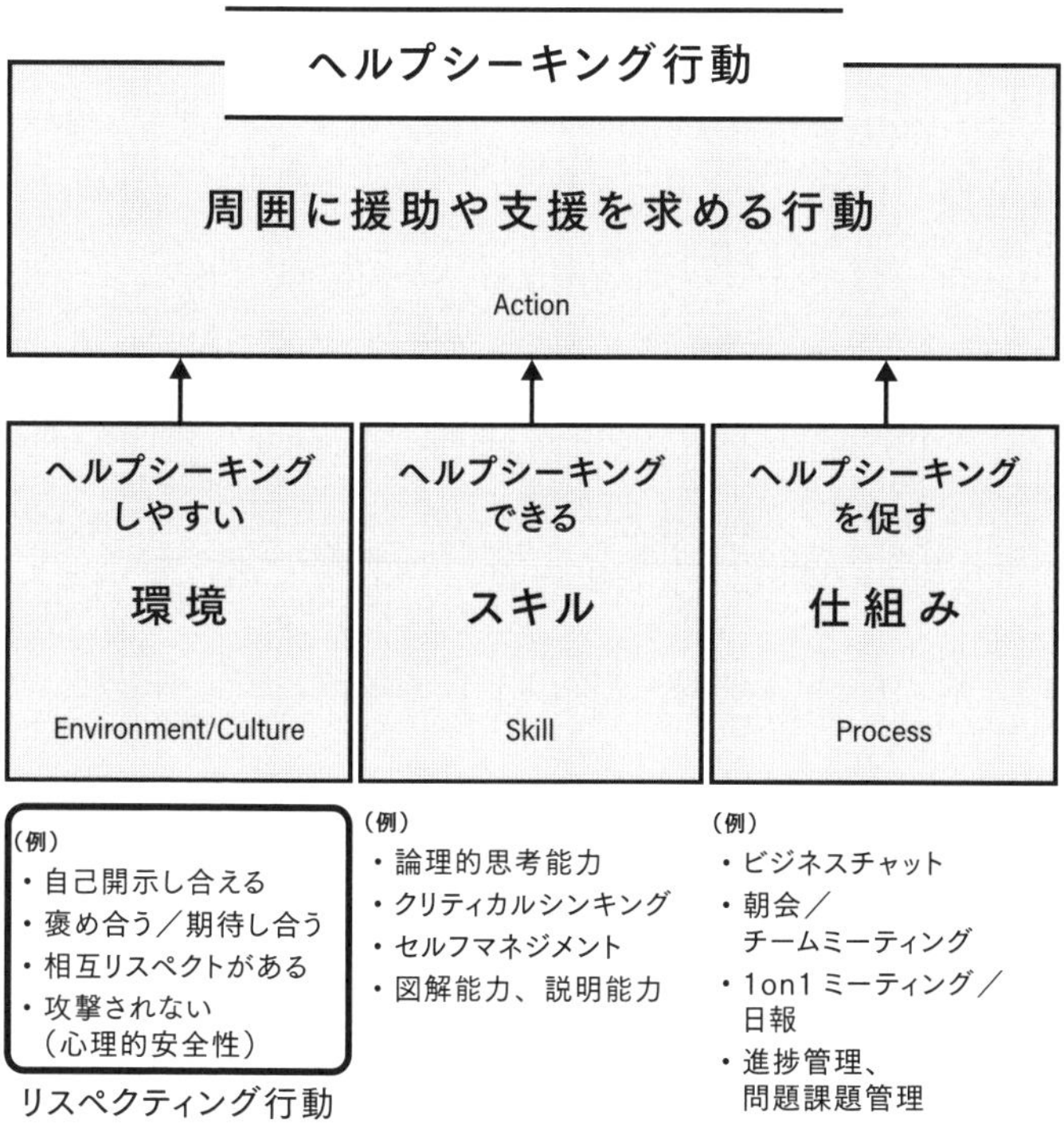
ヘルプシーキング行動
周囲に援助や支援を求める行動
Action
ヘルプシーキングしやすい
環境
Environment/Culture
ヘルプシーキングできる
スキル
Skill
ヘルプシーキングを促す
仕組み
Process
(例)
・自己開示し合える
・褒め合う／期待し合う
・相互リスペクトがある
・攻撃されない
(心理的安全性)
リスペクティング行動
(例)
・論理的思考能力
・クリティカルシンキング
・セルフマネジメント
・図解能力、説明能力
(例)
・ビジネスチャット
・朝会／
チームミーティング
・1on1 ミーティング／
日報
・進捗管理、
問題課題管理

②個々のスキル

ヘルプをあげるほう、受け止めるほう、双方のスキル。自分はどの仕事のどの部分で困っているのか。誰に、どのように手伝ってほしいのか。自分はここまでならばできる。ここから先を任せたい。仕事の現在位置と相手への期待、自分の役割を正しく伝える。そのためには論理的思考能力やクリティカルシンキング、セルフマネジメント、図解能力、説明能力などのスキルが欠かせません。メンバーそれぞれが「仕事の5つの要素」への意識を高めて、日頃から自分の仕事を正しく理解し、説明できるようにしていく。

そしてヘルプを受け取るマネージャーやリーダーの側も、メンバーの話を受け止めるスキル、困りごとの言語化を助けるスキル、チームの状況を把握するスキルを身につける必要があります。傾聴、対話、コーチング、ファシリテーションなどのスキルを持っておきたいです。もちろん、チャットなどで相談を受ける基本的なITリテラシーも兼ね備えておきましょう。

さらには企業が組織としてメンバーのスキル開発、問題が生じやすい業務プロセスの見直しにも取り組んでいく。全員で、全体で、スキルを高めていきましょう。

③仕組みの整備

チャットツールに相談の場をつくって、気軽に悩みを投稿できるようにする。朝会やチームミーティング、1on1ミーティング、日報などの機会を活用して、課題や悩みを聞く時間を設ける。課題や進捗管理を、仕組みの中で自然に実施できるようにしていく。オンラインツールを整備し、いちいち相手を呼び出さなくてもコミュニケーションできるようにする。

これも組織としての大事な取り組みであり、多様な人たちに対しておこなうリスペクティング行動でもあります。ヘルプを言語化しやすい仕組みを用意することが、助け合いを促進するためのエンジンになります。

◆組織の「バリューサイクル」を機能させる

本書のCASE21で「社内のアナログな慣習が変わらない」事例を紹介し、その中で「ブランドマネジメントは広報やマーケティング部門だけの仕事ではない」と強調しました。広報部や広告宣伝・マーケティングの担当者はもちろん、企業のブランディングを考えているでしょう。しかし一部の人だけが「点」で動く形では、組織の課題はなかなか解決しません。

私は近年、マネジメントの要素を「面」でとらえることが重要だと考えています。例えばリスペクティング行動は、ヘルプシーキング行動につながっています。リスペクトを持つことによって、チームの助け合いが増える。

本書でここまで伝えてきたように、リスペクティング行動にはメンバーのエンゲージメントを高める効果もあります。お互いに認め合い、支え合える組織になっていけば、メンバーはチームや会社や職種や業界に対して愛着や誇り、帰属意識を持つ。また、相互リスペクトの気持ちでもって業務プロセス改善が進めば、メンバーの成長実感や「貢献したい」「協力したい」気持ちも高まります。外部の人たちとのコラボレーションや、事業のイノベーションを生み出すことにもつながっていく。

社内外のファン創出、組織のブランディングも進みます。人を引きつける組織、人と人をつなぐ組織になり、多様な経験や能力を持つ人、多様な地域の人、多様な働き方の人たちとコラボレーションして成果を出せるようになる。ダイバーシティ&インクルージョンとはそういうことではないでしょうか。

専門性や働き方の異なる人たちが、同じゴールに向けて協働する。本来価値を高めていく。私はそのように、さまざまなマネジメントのキーワードが人と人、部署と部署、組織と組織、あるいは異なる組織でつながって「面」で立体的に解決していける状態を「健全な組織のバリューサイクル(次ページの図を参照)」と名づけ、全国の企業や自治体、官公庁など、さまざまな組織で説いて回っています。

本書で繰り返し伝えてきた「リスペクティング行動」は、健全な組織のバリューサイクルを回すためのエンジンの1つになるものです。メンバーたちがお互いの存在を正しく認識し合い、期待し合い、そして高め合っていく。個人と組織が共に成長し合う。その基盤の1つが「リスペクト」です。多様な人がオープンに協働していく世界において、「つながれない」はリスクになります。「リスペクト」は人と人をつなぎ、そのリスクを解消するものです。

悪気のない一言、何気ない態度によって、チームがバラバラになってしまうときがあります。職場がうまく回らなくなる場合がある。リスペクトで景色を変えましょう。

図10　健全な組織のバリューサイクル

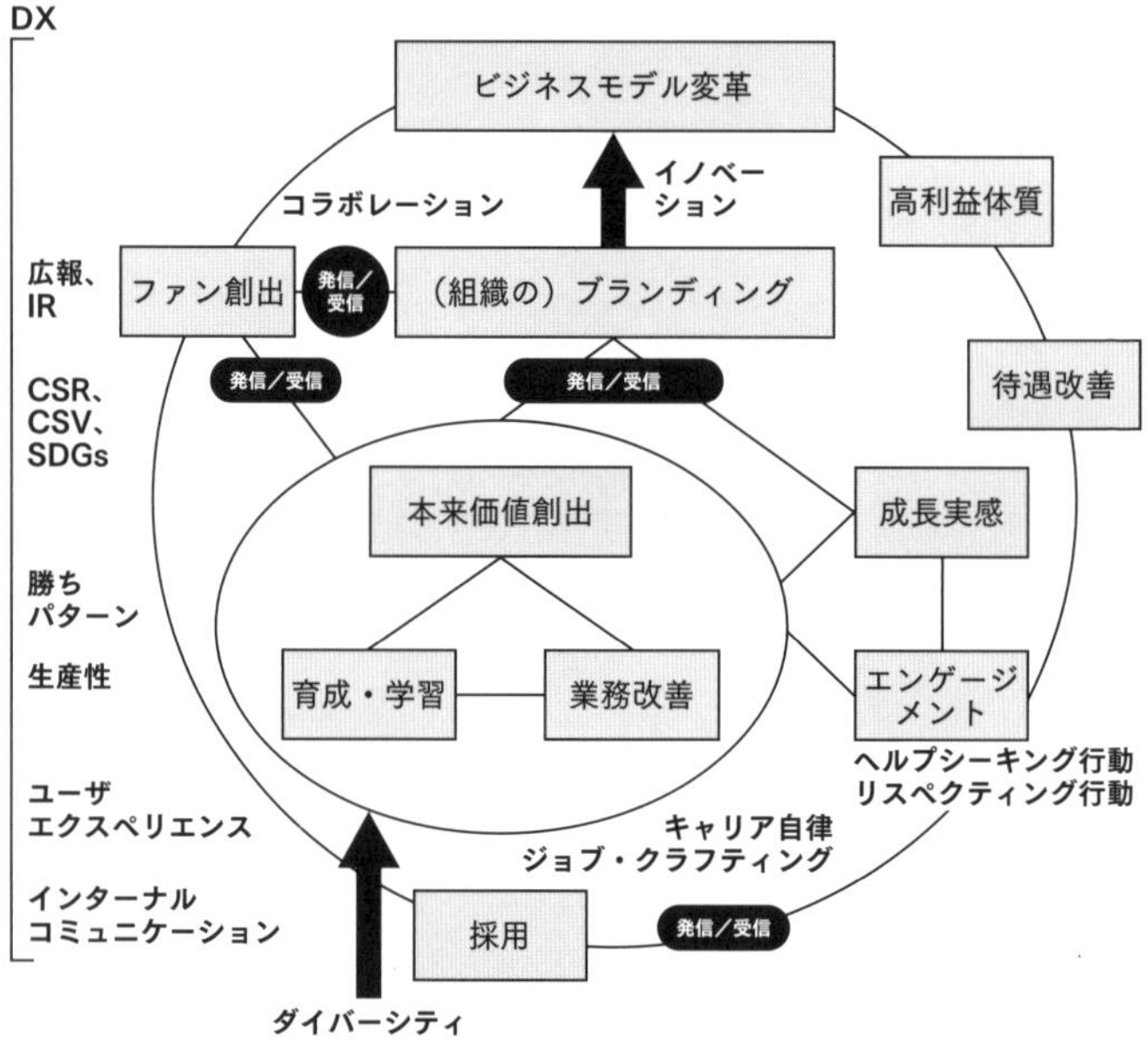

リスペクトを持って、まずは半径5メートルの世界で、人と人とがしなやかにつながる。人の意識や働き方は、すぐには変わらないかもしれません。しかしリスペクトを示して、お互いに少しずつ歩み寄り、見ている景色を合わせることはできる。その少しずつの共感によって、あなたも相手も変わっていきます。

誰もが心地よく働ける組織、企業、チームを目指して、今その場所から、あなた自身の手によって、リスペクトを広げていきましょう！

おわりに
――共創できる私たちになるために

2023年のお正月休み明け、「日本の人事部LEADERS Vol.11号」の特集記事を読んでいて私の目に次の言葉が飛び込んできました。

「ROCモデル」

この記事では、法政大学大学院 政策創造研究科 教授 石山恒貴さん（私は石山さんとは懇意で「のぶさん」と呼んでいます）が、新しい人事組織のあり方を「ROCモデル」で説明されていました。ROCとは"Respect"（尊重）、"Openness"（開放性）、"Community"（継続性）の頭文字をとったもので、個々を尊重し、情報の透明性を高めた、権限委譲をし、経営の意思決定に参加できるようにする。人事組織はその役割を担う。そのような趣旨のメッセージでした。

人材開発、組織開発の文脈でもリスペクトの重要性がうたわれており、私は年明け早々からリスペクティング行動に対する確信を得て、その嬉しさのあまり思わず雑煮を食べ過ぎそうになりました。

石山さんはこう付け加えています。

〝ROCは社内だけではなく、社外に向けても必要な考え方です。持続可能な社会を実現していくために、企業は地球環境や多様性など、さまざまな点で外部へ配慮していかなければなりません。その際にもやはり尊重、開放性、継続性が必要なのです〟

自社や自組織だけで解決できない社会課題が増える昨今、自分一人で答えを出すことのできないテーマが増える世の中において、一人で抱えることはリスクです。問題や課題、あるいは目指したい姿をオープンに発信し、それらを解決あるいは実現する能力や意欲や思いを持つ人とフラットにつながって、フラットにディスカッションし、トライ&エラーを繰り返し自分たちなりの答えを導き出す。社内と社外、さまざまなステークホルダーとの共創による課題解決や価値創造があらゆる領域において求められるでしょう。

そして、他者と心地よく共創するためには相手へのリスペクト、すなわちリスペクティング行動が欠かせないと私は思っています。リスペクティング行動は共創のための基盤なのです。

ところが、私たちは悪気なく相手を下に見る行動や言動、プロセスや慣習をそのまま続けてしまいがちです。口では「共創」「コラボレーション」と言っていても、ちょっとした言葉遣いで相手を下請け扱いしていたり、仕事の進め方が一方的だったり。魂は細部に宿るといいますが、日々のコミュニケーションの仕方や仕事の仕方にリスペクトを損なう「無自覚なトラップ」が埋め込まれています。

過去はなんら問題なかった行動や言動が、いまとなっては相手を遠ざけてしまう。よって、過去の一時点での常識で自分たちの行動の良し悪しを判断するのではなく、常に相手目線に立ち、時代の潮流や環境の変化と照らし合わせながら自分たちをアップデートし続けなければなりません。

「自分たちの行動や言動やプロセスが悪気なく相手を遠ざけていないか？」
「共創できない組織や人の道を進もうとしていないか？」

その振り返りとアップデートの道具として、本書を活用いただけたら私は本望です。

気持ちよくつながって、気持ちよく仕事をする体験。その体験はあなたの組織、あなたのチーム、あなたの仕事、あなた自身のファンを増やします。共創による感動体験が「またこの人たちと仕事したい」「この人とかかわっていたい」と相手の気持ちを高め、よき仲間、よき仕事を引き寄せます。

気持ちよくつながることのできる組織と人になる。そのために、まずは私たち一人ひとりの半径5メートル以内からリスペクティング行動を実践していきましょう。

明るい未来の日本を、共に創っていくために！

２０２３年５月末
長島ダムふれあい館（静岡県川根本町）の
#ダム際ワーキング スポットにて
森と水の恵みにリスペクトを感じながら

沢渡　あまね

沢渡　あまね（さわたり　あまね）

作家／ワークスタイル&組織開発専門家。『組織変革Lab』主宰。あまねキャリアCEO／浜松ワークスタイルLab取締役／NOKIOO顧問／大手企業 人事部門顧問ほか。DX白書2023有識者委員。400以上の企業・自治体・官公庁 で、働き方改革、組織変革、マネジメント変革の支援・講演および執筆・メディア出演を行う。著書『新時代を生き抜く越境思考』『うちの職場がムリすぎる。』『職場の問題地図』ほか。#ダム際ワーキング 推進者。

悪気のないその一言が、
職場の一体感を奪っている

2023年9月10日　初版第1刷発行

著者 —— 沢渡あまね

発行者 —— 張 士洛
発行所 —— 日本能率協会マネジメントセンター
〒103-6009　東京都中央区日本橋2-7-1　東京日本橋タワー
TEL 03(6362)4339(編集)／03(6362)4558(販売)
FAX 03(3272)8127(販売・編集)
https://www.jmam.co.jp/

装丁 ——— 山之口正和＋齋藤友貴(OKIKATA)
本文DTP —— 平塚兼右(PiDEZA Inc.)
編集協力 —— 石川智
印刷所 —— 広研印刷株式会社
製本所 —— ナショナル製本協同組合

ISBN978-4-8005-9127-2 C2034
落丁・乱丁はおとりかえします。
PRINTED IN JAPAN